《周易参同契》释义

韩金英 ◎ 著

团结出版社

图书在版编目（CIP）数据

《周易参同契》释义 / 韩金英著 . -- 北京：团结
出版社，2024.4
  ISBN 978-7-5234-0925-1

  Ⅰ.①周… Ⅱ.①韩… Ⅲ.①《周易参同契》- 注释
Ⅳ.① B234.992

中国国家版本馆 CIP 数据核字（2024）第 077768 号

出　　版：团结出版社
　　　　　（北京市东城区东皇城根南街 84 号　邮编：100006）
电　　话：（010）65228880 65244790（出版社）
　　　　　（010）65238766 85113874 65133603（发行部）
　　　　　（010）65133603（邮购）
网　　址：http://www.tjpress.com
E-mail：zb65244790@vip.163.com
　　　　　tjcbsfxb@163.com（发行部邮购）
经　　销：全国新华书店
印　　装：三河市东方印刷有限公司

开　　本：170mm×230mm　　16 开
印　　张：11.5
字　　数：189 千字
版　　次：2024 年 4 月　第 1 版
印　　次：2024 年 4 月　第 1 次印刷

书　　号：978-7-5234-0925-1
定　　价：59.00 元

目录

引言

本书根据作者 2020 年 5 月 30 日所讲《周易参同契》的录音整理而成。

题解："参同"是参悟异同，是讲参悟《周易》和大自然的异同。人是大自然完美的杰作，人体的小自然和宇宙的大自然之间有着怎样的契合？人的自然之心与天地之心同一条脉搏，参悟其中的异同，带领当代人走入长寿时代，是本次释义《周易参同契》的初衷。

2020 年 5 月 16 日作者讲了《阴符经》。"阴"，暗也，指无形；"符"，契合；"经"，径也，道也，经久不易之道。《阴符经》讲的是人心与天心的契合，是从总体上概括讲的，而《周易参同契》是具体、细致的描述。人心是抽象的，天心更是抽象的，是看不见、摸不着的，作者用《易经》的阴阳爻，用日月的阴阳关系，把抽象的问题具体化。人的心光是生命的第一主宰，心光既是最高的能量，同时也是智慧的根源。触摸到了天地之心的脉搏，得到了大自然之光对心光的养育，在获得超长能量的同时，还能获得自然高智慧。

2023 年 5 月，作者讲了马王堆出土的帛书《五行》，这本书强调的是大自然之光对心光的养护，是长寿的根本。帛书《五行》从仁德、义德、礼德、知德、圣德，五行一体的角度进一步告诉人们，养护好先天五德，也是长寿养生的关键，作者认为将这部分内容作为本书的补充也非常恰当。

无极系列之《西王母》

上卷
乾坤门户章第一

第一章大易总叙，"大"是道的意思，"易"是阴阳合一。

图1是甲骨文的"易"字，左半部分的三点水表示的是水，右半部分的图形表示太阳，易的原始义是水和太阳。随着文字的演变，太阳在右边，水在左边。到小篆时，日在上边，月在下边，表示日月合为一体。阴阳合一，就是先天一炁。

甲骨文　　小篆

图1

大易讲的就是道，道是虚无生一炁，德一元气就是阴阳合一之气。不偏阴不偏阳，是阴阳合一体的先天一炁。先天一炁在哪里呢？在玄关里。第一章总序，直接将《周易参同契》的核心和主题表达出来。这里讲的是大道，不是法术。学习《易经》的人把它当作法术，这就错了。法术是术的层面，大易是道的层面，道是虚无的本体，而法术讲的则是本体之用。

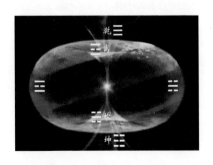

图2

乾坤者，易之门户，众卦之父母。

乾、坤两卦，上面是乾卦，下面是坤卦。（如图2）

3

"乾"代表天，"坤"代表地，"乾坤者，易之门户"，就是说天地就像有扇门一样，玄牝之门，这扇虚无的门里就是先天一炁。乾、坤代表天、地，天、地永远在自动合一，一就是德一能量，是先天一炁。

"众卦之父母"讲的是所有的卦，六十四卦、三百六十五卦，无数的卦象都是由乾、坤两卦所化生出来的。乾、坤两卦是动态的，阴阳相互索取，这个阴阳相索取的过程，可以演化出无数的卦象，所以叫"众卦之父母"。得一万事毕，一可以化生出万，乾、坤两卦的阴阳合一关系，表明了它们是一的本质。乾、坤表面上是阴阳二，本质上是阴阳化一了的一。一就是道，只有道才可以化生万物。这种无形的又化生无限的生机活力，被称为玄牝之门，玄关是阴阳混一的所在地。

坎离匡廓，运毂正轴，牝牡四卦，以为橐籥。

"易"字，上日下月，日月上下来往。月，坎卦之象；日，离卦之象。先天乾、坤两卦居南北，是阴阳的门户，是众卦之父母。先天坎、离两卦居东西作为轮廓，以南北为轴心，左右旋转，阴阳四个卦，组成一个橐籥，即玄关。往来阖辟，无穷无尽，运毂正轴，体不离用，用不离体，把阴阳之道的本质概括尽了。

乾、坤、坎、离这四卦，乾、坤是门户，坎、离是匡廓。乾、坤好像人的心肾，心肾相交，永远在上下合一地交流。但是心火和肾水不能直接交融，心火借道肺金与肾水交流，肾水借道肝木与心火交流。心肾和肝肺从位置上像一个十字，但本质是一个圆圈。乾、坤是南北方向的中轴线，坎、离是中脉运动的东西轮廓。这一章所讲的四个卦是指它们的先天卦位，坎、离的先天卦位像一个轮廓。（如图3）正轴的正就是先天一炁正能量，正轴好比人的中脉，中脉是先天一炁的运行通道。阴阳能量永远在混一地上下运动，上下运动又是以左右旋转的

4

形式完成的。乾、坤、坎、离四卦在人体内画了一个十字，心肾相交以左右旋转的形式，完成上下的永动。这就是人体的大自然，也是天地的大自然，一切都是自动化地生生不息。

"易"讲的是先天，先天是人的一点灵光、本性纯阳能量。肉身、思想属于后天，后天是阴气。一点纯阳之光，通过眼睛外现，要转化后天的阴气，实属不易。圣人之所以写《易经》，就是要解决人体纯阳能量匮乏的大问题，让本属于大自然一分子的人，领悟大自然，拥抱大自然，获得大自然的养育，使人有足够的力量化解自身的阴气。

乾、坤、坎、离四卦像车轮一样，橐籥指风箱，像橐籥一样概括了全部阴阳之道。"一"包含着四象，金、木、水、火四象是一体运动的，土被先天一炁的高能量元气所利用和代替，不仅四象合一了，同时五行也合一了。这就是玄关，就是自然大道。

覆冒阴阳之道，尤工御者准绳墨，执衔辔，正规距，随轨辙，处中以制外，数在律历纪。

就像工匠取直的绳墨、御马的缰绳，以中正为法度，以车轮中点为核心，围绕着中心运动。处中制外，阴阳混一谓之中，中是阴阳混一的先天一炁，人的一点自然之光。有了一粒金丹的光叫处中，有了一点自然之光，就可以招摄大自然之光，自身的小光被大自然的光养育。一纪等于十二年，光的成

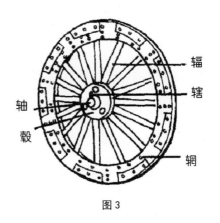

图 3

长期需要十二年。

　　人体的一点自然之光来自心光，通过眼神外显。精气神本来是虚无的，精气神合一的金丹之光更是无形的，虽然是无形的，但它有实实在在的能量反应和能量验证。就像月亮的变化，初一是新月，十五是满月，人的心光就是这样长大的。"易"字就是一点自然之光，上日下月，自然之光用日月来作证。月亮自身无光，是靠反射太阳的光。月亮是阴，用坎卦来比喻，坎卦用一个月的时间，从月牙到月圆，再从月圆到月牙，月亮的圆缺是反射太阳光的过程，表面是阴，本质是阳，月亮是阴阳一体的。

　　时间是生命共同体，一天、一月、一年，过日子的本质，原来是自然之光的成长日记。人在内观时，可以看到人体的月亮和人体的太阳，这就是人体的自然之光被大自然的日月之光养育的证明，人的自然之光与日月之光交相辉映。用传统的说法，有人体月光的人为仙，有人体太阳光的人为圣。

月节有五六，经纬奉日使，兼并为六十，刚柔有表里。

　　五日为一候，六候为一节，指一个月。以月为经，以日为纬。一天两卦，一个月六十卦，阳生于前，为里为刚；阴生于后，为表为柔。

　　月和日是阴阳，是二，但本质是阴阳一体的一。"月节有五六，经纬奉日使，兼并为六十"，意为一个月有三十天，是按照日出、日落计算的，白天、黑夜各一卦，三十天六十卦，阴是阳的记录者。刚柔有表里，阳刚阴柔，太阳的阳刚用月亮的阴柔表现出来，外阴内阳，是阴阳合一体的纯阳，六十卦讲的是纯阳的变化过程。不要看卦有阳爻、有阴爻，但实际上讲的是纯阳的变化过程，阴阳混一的纯阳就是自然之光，六十卦讲的是自然之光的成长历程。六十卦都是由阴阳混一的乾、坤、坎、离四卦化生出来的。

朔旦屯直事，至暮蒙当受，昼夜各一卦，用之依次序。即未至晦爽，终则复更始，日月为期度，动静有早晚。

白天屯卦当值，夜晚蒙卦当值，一天两卦，按照顺序，三十天六十卦，到六十三卦既济卦、六十四卦未济卦，又适应每月的最后一天的早晨时，一个循环重新开始。日月作为时间的标准，阴阳的动静有早有晚。朔旦是初一，晦爽是三十，爽是有一点点光，转了一圈以后，光几乎就没了，然后再重新开始。纯阳能量的运动规律，从开始有一点亮光，到十五亮光最大，然后光又慢慢隐藏，再到三十亮光快没了，阴极阳生，又开始阳生，这讲的是自然之光循环、动态的运行轨迹。始于屯蒙，终于既未，终则复始，生生不息，叫长生之体。（如图4）

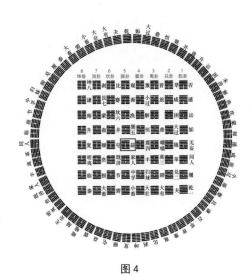

图4

春夏据内体，从子到辰巳，秋冬当外用，自午讫戌亥。赏罚应春秋，昏明顺寒暑，爻辞有仁义，随时发喜怒，如是应四时，五行得其理。

春夏光已经萌生长大，时光从子位的复卦到巳位的乾卦。光在体内长大了就会脱胎，来到体外，直接拥抱大自然之光。秋冬时光从午位的姤卦，到亥位的坤卦。春之生气如赏，应秋之杀气如罚。春天给阳气，让人感觉到了春情荡漾，

夏

春　　　秋

冬

图 5

到了秋天就收敛。光，明于夏，暗于冬。进阳用阴，合于天时。生杀有道，生杀一体，阴阳随时抱一而动。四时应、五行顺，五行合一，一炁成。（如图5）

只有一个阳、一个仁，或只有一个阴、一个义，是孤阴孤阳，都是没有活力的。同时有阴阳，仁义同时在。喜和怒是随时发生的，如春天大自然给元气，但是春天也会有植物凋谢，生机之中同时蕴藏杀机；到了秋天万物凋零的时候，有的植物也会长出新芽来，也是生杀一体的。"爻辞有仁义"，讲的是有生有杀，随时发喜怒，生杀是同时的。

"如是应四时，五行得其理"中的"四时"讲的是春、夏、秋、冬，四季是四象的金、木、水、火，还有一个土，四象里还含着土，四季里每季的后十八天是土，应的是四时，实际上包括了五行。

乾坤门户章讲乾坤天地，就是真阴、真阳，二者是自动一体的关系。一就是自然之光，也是人体的心光。

坎离二用章第二

天地设位，而易行乎其中。天地者，乾坤之象也；设位者，列阴阳配合之位也；易谓坎离者，乾坤二用。

天为阳，地为阴，阳升阴降；天在上，地在下，天地排列了阴阳之位，阴阳混一的先天一炁运行在天地间。天地，以乾、坤两卦为象；设位，排列阴阳之位；易所说的坎、离，是乾、坤两卦之用。乾、坤为体，坎、离为用。乾、坤是无形的，乾、坤永远在阴阳相索，阴阳混一。坎月离日是有形的，记录、反映了天地乾坤这一无形能量的运动过程。

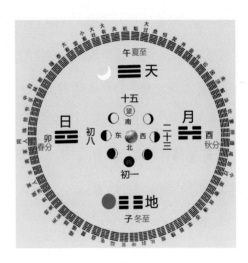

图6

先天一炁在天地间没有定位，周流六虚；往来不定，上下无常。虽看不见、摸不着，但有明确的变化，就像月亮的圆缺变化一样。这种虚无的却可以令万物生的物质，是大道的纲领，无中生有，器以空为用。坎离变成了乾坤，好像坎离消失了。日月变动，透露着天地无为无不为地化生着万物。

图6中乾卦代表的是天，坤卦代表的是地，先天一炁运行在天地之间，是在天地之间运动的宇宙高能量。有形的太阳和月亮的变化，是无形的天地乾坤变

化的记录和反映。太阳在下，月亮在上，怎么是反着的呢？讲坎卦表面上是阴，但实际上是阳，这个阳的位置在人的腹部，在人体的大地，头为天，腹为地。人体大地是阴阳混一的，所以叫真阳。月亮在头部，在人体的天，也是阴阳混一的，所以叫真阴。真是永恒的意思，真阳之火发生在腹部，水里落了个太阳，心光、白色的光发生在头部。

图6中左边是日，右边是月。得了先天一炁，生命的状态就是这样，太阳在下，月亮在上，日在东，月在西。东为肝，西为肺；肝藏魂，肺藏魄。太阳代表人的魂，月亮代表人的精。魂得了先天一炁显龙的象，魄得了先天一炁显虎的象，龙为阳，虎为阴，但是真虎又是真阳，真龙又是真阴，真阴、真阳化为自然之光。乾、坤、坎、离四卦在人体内画了一个十字，先竖后横，竖向是水火既济，横向是金木交并，四卦是先天一炁的流行与运作。

"易谓坎离者，乾坤二用。"是说先天一炁用乾坤来比喻，它是虚无的能量，日月是有形的，有形的表达、记录着无形的存在与变化。就像道和德，道是无形的，用德之光来显化道的存在。

二用无爻位，周流行六虚，往来既不定，上下亦无常，幽潜沦匿，变化于中，包囊万物，为道纪纲，以无制有，器用者空，故推消息，坎离没亡。

先天一炁没有固定位置，六虚是指东、西、南、北、上、下。在宇宙空间中循环的先天一炁，没有定位，来往不定，上下不定，而且无形，看不见、摸不着，但是能够感受到。"包囊万物，为道纪纲"，是讲先天一炁是道体的能量，体才有万用，可以化生万物。"易"讲的是先天一炁，这个母体能量，讲体不是讲用。"为道纪纲，以无制有，器用者空"，是讲它是一个虚无的，但是任何有形的东西，都是由它化生的。这个无决定了一切的有，就是以无制有，器用者空，就像车轮，正是因为中间有空才可以转动。

"故推消息，坎离没亡。"阴阳紧紧相随，二者融为一体。看乾、坤两卦，阳的向下、阴的就随之向上，乾坤就变成坎离。乾原来是三个阳道，一动，中间的阳爻把三个阴爻的坤卦中间给填上了，乾坤变成了坎离。先天变成了后天，一般人的一生都是后天主事的半圈人生。得了先天一炁，乾坤变成坎离，紧接着坎离又变回乾坤，形成了一个圆圈，过的是先天主事的整圈人生，在阴阳变化的过程中，坎离好像不见了。

言不苟造，论不虚生，引验见效，校度神明，推论结字，原理为证。

不会编造，说的都是真的，自己的神光可以照见，有多方面严格的验证，先天一炁虽然是虚无的，但是有实在的验证。验证是非常严格的，光照的象、能量反应、理论依据、当下环境等，要全面综合地验证。每一步都是非常严格的科学，那是人的先天生命的自然体系，人体的自然科学。例如，你感觉到命门起火了，你感觉到腹部周围全是红色的光，这就是命光。因为接触了道德，先天能量启动了，每一步都有非常严格的验证。

"校度神明"，校度是考察的意思，讲的是所有的验证，都是对光的考察。梦是神光所见，梦中出现的景象，是光的能量的验证。光以象来说话，所以梦很重要。光是觉知与能量一体的，至人是无梦，俗人是昏梦，得了先天一炁的人梦是超凡的，它是神的清明、清醒的反应。要悟对了，验证的是什么。

"推论结字，原理为证。"推其类而结字，原其理而为证，使人领悟。例如，

11

龟蛇是肾火肾水的象，无论是云彩的龟蛇、石头的龟蛇等，都是元精的象。光的象是以类型出现的，所以要对象进行推论、归类。如果是云龟、云蛇，说明肾气很壮。如果是石龟，说明肾气太亏了。如果是现实中很大的真龟，说明光已经很密实了，这就是原理为证。

坎戊月精，离巳日光，日月为易，刚柔相当，土旺四季，罗络始终，青赤黑白，各居一方，皆秉中宫，戊巳之功。

坎卦在戊位是月之精；离卦在巳位是日之光。戊是阳土，巳是阴土。坎卦里含着阳土，阴中之阳是真阳，离卦里含着阴土，阳中之阴是真阴。日月为易，是日月阴阳一体的意思，阴阳是互含的关系。"刚柔相当"是刚柔融合的意思。每个季度的后十八天属土，所以土旺四季，贯穿始终。青木、赤火、黑水、白金居四正位，如果金、木、水、火四象合一，都来到中宫，全靠阴土阳土合一的功夫。从精、气、神的层面来说，坎月代表精魄，离日代表神魂，土代表元气。真阴真阳合一，土与先天一炁融合，关键是阴土巳的退位，全凭修心炼己的功夫。后天意识退位了，阴土阳土合一了，就会和合四象，攒簇五行，五行变为一炁。一炁就是使人长寿、长生的自然之光。刚柔相当，是很自然、很合适的一个度，就是该刚该柔。（如图7）

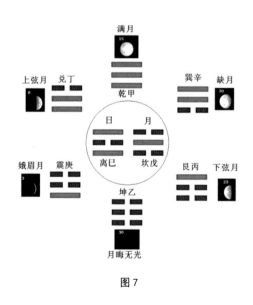

图7

图 8 中的黄色部分，是指每个月的后十八天属土。四季的金、木、水、火都被土所贯穿，金、木、水、火没有土的话，就是一盘散沙。

土既是五行之一，又是五行之极，是先天一炁，是老天的元气。不要看成四象五行，要看成先天一炁，因为上下左右地动，才有了东西南北，实际上先天一炁才是居首位的，它不动就什么都没有。

图 8

坎离二用章讲自然之光是无形的体，坎、离二卦为光之用。

无极系列之《紫薇大帝》

日月含符章第三

易者，象也。悬象着明，莫大忽日月，穷神以知化，阳往则阴来，辐辏而轮转，出入更卷舒。易有三百八十四爻，据爻摘符，符谓六十四卦。

易，是阴阳合一之象。悬挂着放光的最大的象，莫过于日月。神是光的意思，领悟了日月合一之光的道理，就会知晓日月往来原来是光的成长与化生。日月合一了就是光，日月运行就是化光的过程。人能穷其一之如何神，即知两之如何化。阳往阴来，就如辐辏轮转，没有停息，即一神也。阳气出万物气舒，阳气入万物气卷。出入卷舒，随时变化，此两化也。易有三百八十四爻，根据爻看变化称为符，符叫六十四卦。

"穷神以知化"，先天一炁，固态叫精、动态叫炁、妙用叫神，神也是光，光是能量智慧的统一体，光所达到的超凡的智慧、超常的妙用，被称为神。"穷神"就是完全了解先天一炁的道理，就知道先天一炁是阴阳合一，二化出来的一。

"阳往则阴来，辐辏而轮转"，讲的是永远不停，即先天一炁。人的脉搏跳动，没有停息；宇宙的脉搏，也是永远不停的，这个大自然的律动就是先天一炁。人体小自然和宇宙大自然本来就是合一的，是同频共振的。只因为多数人忘记了初心，抛弃了长寿、长生。日月表面是阴阳二，本质是阴阳合一的。一

看不见，通过二的永动式互含，表达一的存在，就像没有车轴，车轮就不能转动一样。"卷舒"是说阴阳在不断地合一，动态的先天一炁叫元气，元气的感觉是电感，电感是初心本性的高能量，身上充满阳气就是先天一炁的舒。有动就有静，静了感觉没电了就是先天一炁的卷。一个卷一个舒，讲的是先天一炁的静与动。

"易有三百八十四爻，据爻摘符，符谓六十四卦。"讲的是从阴阳合一的动态着眼，这个永动的循环圈是有明确的变化过程的。三百八十四爻、六十四卦，就像一天、一月，是先天一炁的变化过程。如剥卦是个棺材象，先天一炁即将枯竭，人就快死了。震卦一阳生，先天一炁刚刚新生。先天一炁不同的状态，决定生死、决定健康、决定福祸。虚无的先天一炁是有大用的，生死、健康、祸福，掌管整个人生，所以这样说。

晦至朔旦，震来受符。当斯之际，天地媾其精，日月相担持。雄阳播玄施，雌阴化黄包。混沌相交接，权舆树根基。经营养鄞鄂，凝神以成躯。众夫蹈以出，蠕动莫不由。

从三十到初一，阴极阳生，一阳来复，正应震之初爻。当无形的天地交汇之时，有形的日月记录着无形的交媾过程。天入地中，月包日内。乾主施精，坤主受化，以黄中真土包裹之。阴阳在混沌中融合，起无始是一切生命发生的根基。经营养护灵根、灵源，光逐渐凝聚以成身形。日月交汇，月受日精，生光之道。生生之道，生人生物，皆是此道。

图 9 中初一在寅时，寅时生人讲的就是一阳初动。初一的早上是震卦，三十是坤卦，没有阳了，阴极阳生，天地在子时开始阴阳交媾，经过丑时，到了

寅时，开始生出一阳。

"雄阳播玄施"，是讲阳像播种一样，玄指无形，播种是无形的。"雌阴化黄包"，是讲阴在承受阳的施予，同时在转化，转化的时候用土把阳气聚拢起来。天是真阳，地是真阴，真阴真阳永远在自然自动地交合。土对应意，意大定是真意土，三真合一就是先天一炁。这是生命发生的初始，初始是最伟大的。老子八十一化，第

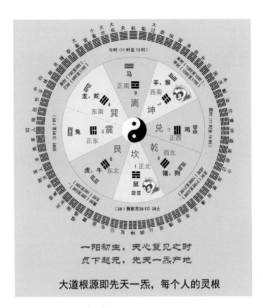

大道根源即先天一炁，每个人的灵根

图9

一化就是起无始，起无始就是阴阳合一的先天一炁，阴阳未分，生机本源是最伟大的。

"混沌相交接，权舆树根基。"混沌像一个秤的中心点，包含了左，包含了右，左右都在中心点的范围内。就像人早上刚睡醒和晚上刚要入睡，都可以看到玄象。因为那时是睡着和醒着的中间点，阴阳合一的状态就叫阴阳混化、混一。一就是自然之光先天一炁，就是大道能量。"权舆"是起始、新生的意思，有了一，有了先天一炁，生命之树就开始新生。"根基"就是《道德经》中说的根柢，能让树根生长的元气。人入混沌，进入阴阳混一的状态，光就长出来了。

"经营养鄞鄂，凝神以成躯。""鄞鄂"指的是树根发的小芽，刚发出来最初的嫩芽，用嫩芽比喻刚刚冒出来的小光。震卦，一点元炁，像树根的小芽刚冒一点点。"凝神以成躯"，是讲光长出来了就要凝神，就像哺育孩子一样，要给他喂

17

奶，不喂奶孩子就不能成长，不凝神光就散掉了。打坐、念咒各种凝神的方法都是假的，自然、无心才是真凝神。先天一炁之光，像慢慢长出来的嫩芽一样，你能无心，它就会开始长大了。

日月含符章讲日月是互含的，讲心光的萌芽。

天符进退章第四

于是仲尼赞鸿蒙，乾坤德洞虚，稽古当元皇，关雎建始初，冠婚炁相纽，元年乃芽滋。

一切的生命都是从阴阳未分的先天一炁中诞生的。

"于是仲尼赞鸿蒙"，是讲所以孔圣人赞美初心、起无始。"乾坤德洞虚"，讲的是乾坤合一的先天一炁、德一之光，它充满宇宙，响彻太虚。"稽古当元皇"，讲的是元皇是造化之始，"稽古"是考察，考察元始祖炁的开端，是阴阳最初的交感之气。"冠婚炁相纽"，讲的是真铅氤氲时阴阳之气的交合，而非指肉身、男女。阴阳二气的交合是一个自动相吸、交缠一起、难解难分的过程。一阳初动真种生，就好像树刚发新芽。指的是阴阳相吸，冒出的那一点光。

圣人不虚生，上观显天符。天符有进退，屈伸以应时。故易统天心，复卦建始萌，长子继父体，因母立兆基。消息应中律，升降据斗枢。

"圣人不虚生，上观显天符。"圣人的产生是实实在在的，他们上观天文，知道天机。伏羲画先天八卦，文王画后天八卦，孔子把他们画的符号用文字释义。天符讲的就是《易经》的这些符号，圣人们的话不是虚的，他们画的符号是先天一炁生长过程的验证。

"天符有进退，屈伸以应时。"天的符号就是自然之光，此光的进退、屈

伸与时间相对应。初一到十五是阳生，十五到三十是阳降，一屈一伸，各有其时。

"故易统天心，复卦建始萌，长子继父体，因母立兆基。"先天一炁决定着大自然的脉搏，一阳初生的复卦，是先天一炁生长的开始。圣光的一阳初生，是从乾卦来的。乾卦是阳、是父；坤卦是阴、是母。父母生出三阴三阳六卦。震卦是第一个阳卦，所以是长子，长子的阳气来自父亲，但作为基础的坤卦是母亲，震卦是由乾卦的一个阳爻落入坤卦变化出来的。兆、始、基、本，一个事物刚出现的时候叫兆，是预兆、起始的意思。"复卦建始萌"，圣人研究先天一炁的诞生，圣人都重视初心、起始，都歌颂这个生机之源的伟大。有了真的开始，过程和结果都是真。选择了假的，多少年都没有好结果。

"消息应中律，升降据斗枢。"阴阳消息与法度对应，升降来自北斗七星的回转。北斗者，天之中斗，万气之所禀。易统天心即先天一炁的所在玄关，是阴阳合一的枢纽。"中律"的中就是先天一炁，北斗七星围绕着北极星旋转，北斗七星勺端为天枢，以北极星为中心旋转。北斗七星的旋转构成宇宙的核心，就是天心，是大自然的心脏。生命的存在都是由此核心决定的。东西南北、春夏秋冬只是表面的，本质上是因为有了先天一炁才显化出来的。

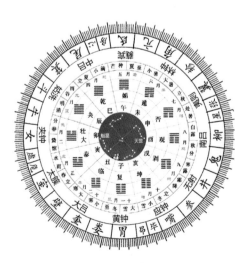

图10

斗柄转到东边是春天，转到南边是夏天，转到西边是秋天，转到北边是冬天。斗柄为什么会转呢？是因为中心始终有一股能量在动，在拽着斗柄转，这股能量就是先天一炁。没有先天一炁，春、夏、秋、冬都不存在了。一年有十二个月的变化，实际上就是先天一炁的作用。所以说一切皆是天心的变化，是先天一炁、道光德能的变化。

三日出为爽，震庚受西方。八日兑受丁，上弦平如绳。十五乾体就，盛满甲东方。

"爽"指晦爽，天快亮的时候，初三刚刚有一点光。初一先天一炁之光开始萌动，萌动很重要，起无始很重要。到初三时就有一点光露出来。图11是天地相配的纳甲图，初三一弯新月如震卦，黄昏时月亮在西方（庚位），接受并反射太阳的光。"震"为木，为生发，因万物都是借此而生，故谓生机。初八上

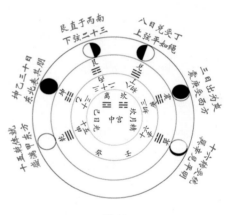

图11

玄月如兑卦，阴阳平衡，受二阳之光，黄昏时现于南方（丁位），十五是乾卦，受三阳之光，此时月亮最亮，黄昏时出现在东方（甲位）。乾卦是纯阳，当光出到最大、最圆、最亮的时候，就相当于人十六岁最年轻的时候，是生机最旺的时候。

蟾蜍与兔魄，日月炁双明，蟾蜍视卦节，兔者吐生光。七八道已讫，曲折低下降，十六转受统，巽辛见平明。艮直于丙南，下弦二十三，坤乙三十日，东北丧其朋。

"蟾蜍与兔魄"，是讲蟾蜍与兔魄都指月亮，蟾蜍比喻光的形状，玉兔比喻光的颜色。两者都指月光，实际是借月光说先天一炁。"日月炁双明"，是讲月亮反射太阳光，月光的大小是太阳光多少的反映，是先天一炁使太阳、月亮有光明。"蟾蜍视卦节，兔者吐生光"，是讲月光随着卦节变化，一阳生、二阳生到三阳生的乾卦，月光已经长圆了，蟾蜍肥肥大大，兔魄亦随之将吸收的日光不断吐出。当阴魄全消，阳魂盛长，其光圆满为纯阳，此时元性透露，一点灵光昼夜长明。

"七八道已讫，曲折低下降，十六转受统，巽辛见平明。艮直于丙南，下弦二十三，坤乙三十日，东北丧其朋。""七八"指十五，到十五的时候，圆坨坨、光烁烁的光已经修出来了，就叫"道已讫"。乾卦表示纯阳，过了十五，阳生结束，开始转阴生，阳一点点降下来。到三十（坤卦），阳气耗尽了，月光见不到了（如图11）。巽卦是一阴生，早上见于西方。艮卦是二阴生，早上见于南方。下玄月二十三，阴阳各占一半。到了三十，坤腹纳乙木，先天一炁之光一点也没有了，"丧其朋"就是指光收敛到完全没有了的状态。

节尽相禅与，继体复生龙，壬癸配甲乙，乾坤括始终。七八数十五，九六亦相应，四者合三十，阳炁索灭藏。八卦布列曜，运移不失中。

"节尽相禅与，继体复生龙"，六候为一节，一节三十天，一节过了就互相让位，阴尽阳又生。"龙"指光，再次的循环，光再次生长出来。"节尽相禅与"，是说一个循环结束，新的循环又开始了，三十天一圈，光从小到大直到没有了；没有了又互生，又开始循环。"继体复生龙"，是讲龙神之光，再次新生，光的成长是循环递增的。

"壬癸配甲乙，乾坤括始终。"天干的开头是甲乙，结尾是壬癸。"壬癸配甲乙"，是讲壬癸和甲乙都配的是乾、坤两卦。转了一圈之后，又到乾、坤两卦了，首尾相连，乾坤囊括始终。（如图12）

图12

"七八数十五，九六亦相应，四者合三十，阳炁索灭藏。"乾生阳七八是十五日，坤生阴九六也是十五日。震卦少阳数七，兑卦少阴数八，乾卦老阳数九，坤卦老阴数六，四个数合起来是三十，正好是一月三十日数。八卦演示星宿的分布，星宿围绕天心运转。阳生十五日，阴生十五日，两个十五加起来就是三十。中午叫老阳，深夜叫老阴，老阴、老阳是说月亮反映太阳光的过程，老阴、老阳加起来的数也是三十。"阳炁索灭藏"，是讲到三十，阳气好像潜藏了。（如图13）

"八卦布列曜，运移不失中。"八卦分布排列着光耀星星，八卦的数实际上是星光能量的数，天配地，讲星光与人体的配合。"运移不失中"的中是指先天一炁。天地相配的核心是先天一炁，先天一炁就像一个转动的轮子，把天上的星光投射到大地，纳甲图的天干地支相配，就是天地相配，天地运转一圈，本质是天光洒向大地的多少。

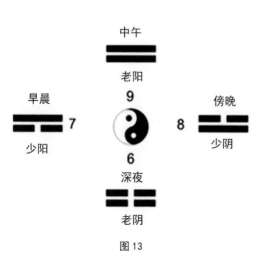

图13

23

元精眇难睹，推度效符证。居则观其象，准拟其形容，立表以为范，占候定吉凶，发号顺时令，勿失爻动时。上察河文，下序地形流，中稽于人心，参合考三才。动则循卦节，静则因象辞，乾坤用施行，天下然后治。

元精是无形的，通过《易经》的阴阳爻可以验证元精的状态。元精停留的时候，可以看到它的象，可以准确地描绘它的面貌。像圭表通过观察太阳的影子之长短，就可以看到先天一炁的状态。先天一炁用于占卜，就可以定吉凶。先天一炁发号施令，一定是合天时的，机不可失，时不再来。上观天文河图，下察地理，中考核人的天心玄关，是天、地、人一起考核。阴阳动静之理，天、地、人三才合一才能贯通。动必循卦爻之节，静不越乎卦爻之辞。乾坤就是先天一炁，先天一炁有了，天、地、人一切都好了。天地自然，天炼人，天地人同一本性，和谐为一，不仅人好了，天地也好了，所以叫天下治。

天符进退章讲月光记录着心光的成长过程。

君臣御政章第五

御政之首，鼎新革故。管括微密，开舒布宝。要道魁柄，统化纲纽。爻象内动，吉凶外起，五纬错顺，应时感动。四七乖戾，誃离俯仰。文昌统录，诘责台辅，百官有司，各典所部。

"御政之首，鼎新革故。"先天一炁决定整体，就像一国之君，第一个特征就是"鼎新革故"，永远在新生，不断地吐故纳新。

"管括微密，开舒布宝。""括"是包容的意思，先天一炁大到包容一切，小到以无限精微的方式管理天下，无形地一开一阖输送至宝。开了玄关的人能感觉到，自然地一静，精微能量像细雨一样的微电，向全身舒布。

"要道魁柄，统化纲纽。"北斗即天之中心，诸星运转，无不听命于斗柄。北斗七星的天枢，也就是魁柄。北极星在正中，魁柄一直对着北极星转动；就像枢纽，诸星的运转都听命于它。心光就像人体的北极星，五脏六腑的光都围着心光转。（如图 14）

"爻象内动，吉凶外起，五纬错顺，应时感动。"爻象代表着先天一炁

图14

之光的刻度，纯阳能量有了，心正就来好事，心歪就来坏事。儒家哲学讲的格物致知，如果是初心的能量，就会有物质事件的显化。自然之光是和生活里的事件融为一体的。一个人身体不好、一个人有灾难，全是自身阴气所造成的外在的事实。"五纬"指五行，心一动，五行随之动，五行的关系乱了，就见吉见凶。体内心光的明暗，招来吉凶的事件。

"四七乖戾，誃离俯仰。文昌统录，诘责台辅，百官有司，各典所部。"四在离卦属火，七在兑卦属金，金火同宫，比喻天心。如果天心不正，二十八星宿就乱套了，打破了万物敬仰自然之光的常态。对人体来说，心念动，身体的气脉就乱了。天之有文昌，好像皇帝之有六部。天之有台辅，好像皇帝之有大臣。大臣协理阴阳，六部从而奉行。不同部门各司其职，一切都自然而然，如果出问题就要问责，就要遭天谴。"文昌"比喻真阴的觉察，皇帝比喻先天一炁的能量，先天一炁发生的同时，一定有真阴来觉察、感受。"文昌统录"，是指觉察要跟上，智慧要跟上，真阳发生的时候及时核查，若心沉迷电感，要马上警醒。

天地之数

图15

日合五行精，月受六律纪。五六三十度，度竟复更始。原始要终，存亡之绪，或君骄佚，亢满违道；或臣邪佞，行不顺轨。弦望盈缩，乖变凶咎。执法刺讥，诘过贻主。辰极受正，优游任下。明堂布政，国无害道。

"日合五行精，月受六律纪。

五六三十度，度竟复更始。"太阳含有金、木、水、火、土五炁，五炁是五行的精华。月亮受六律的规矩，一个月为三十天，一个月变化一次，一个月后又开始循环，阴尽阳又生。(如图15)

"原始要终，存亡之绪，或君骄佚，亢满违道；或臣邪佞，行不顺轨。弦望盈缩，乖变凶咎。""原始"即起始，初始保持到最后，不忘初心，慎始慎终，不断地吐故纳新，不断地新生发展，这个状态贯穿始终。生死存亡，都是由原始的先天一炁决定的。所以要辨别真假，得的不是先天一炁，日子就白过了，开始是假的，结果一定是假的。像君王般的先天一炁骄傲了，亢奋阳过了，就违道了，满招损。乾坤好比君王，其他的卦好比臣子。臣子不按规律运行，自以为是、歪曲篡改，就是奸佞，就是行为不轨。弦月与望月的盈满残缺变化失序，天心稍或不顺，天行立刻反常。

"执法刺讥，诘过贻主。辰极受正，优游任下。明堂布政，国无害道。"如果上述不正常的情况出现，是要追究责任的。天心是宇宙的主宰，天心正一切都顺，君正臣则稳，天下太平。万化从心，心君能寂然不动，无为守正，百体自然从令，悠然自得。元神重返明堂主政，则国有宁日。如果元神当家，就如大堂有光。人往往是后天意识主事，才会混乱背天。真阳如天上之魁柄，真阴主觉照，如天上之文昌。道心之主宰，如天上之辰极、人间之国君。真情不昧，五元五德，彼此相生，浑然一炁。

君臣御政章讲心正心稳在光整体运作中的决定作用。

无极系列之《三清》

炼己立基章第六

内以养己，安静虚无。原本隐明，内照形躯。闭塞其兑，筑固灵株。三光陆沉，温养子珠，视之不见，近而易求。黄中渐通理，润泽达肌肤。初正则终修，乾立未可持。一者以掩蔽，世人莫知之。

"内以养己，安静虚无。""己"是阴土、识神。自然之光的纯阳能量转化识神的阴气，识神退位，安静虚无是纯阳的元神，就可以不消耗元气，还能接引纯阳的自然之光入体。

"原本隐明，内照形躯。闭塞其兑，筑固灵株。"心光肉眼是看不到的，是一种隐藏的光。但无意识的一瞥，身体内部都是亮的。有了光，能看到玄象，但不要好奇地去看，必须闭塞其兑，要把漏光的口都堵上，六根不用、不听、不看、不说、不想，不要打扰光的萌芽与生长。只有关闭六根，能量内聚，心光才能长大。

"三光陆沉，温养子珠。"精、气、神对应日、月、星三光。三光内沉，温养心光。能够虚其心、无知无欲，自然之光就会被吸引入体。本心与自然之光是一对阴阳，会自动相吸。只要你学会管住后天意识，头脑简单平静，脑电波平稳，自然之光就被吸进来了。光进到体内还要把光留住，不通过六根六识漏出去，光才能留在体内并长大。《周易参同契》说得很清楚了：第一虚心、第二慎独，不说、不听、不看、不想。这个习惯养好了，光就养大了。

"视之不见，近而易求。"金丹外为珠，内藏神，有意视之不可见，无意中会在身边出现。有气无质，虽视不见，人所不知，而己独知。这个内明的光看不见，别人不知道但你自己知道，因为它经常出来，一个小光点像星星一样，悬在空中，一瞥所见。一瞥是元神的光，再想仔细看是动了意识，意识是后天的阴气，所以不见。

"黄中渐通理，润泽达肌肤。""黄中"指中脉，"理"指本性之性理，本性的道理是理体合一的，是带能量的道理，也指自然之光。自然之光走中脉，从百会到会阴，自然之光灌进来，光润皮肤，透出像白玉一样的光。得没得自然之光，看相貌、看皮肤、看气质变没变。心光是内外兼修的，光虽看不见，但皮肤、气质变了，这是肉眼看得见的。

"初正则终修，乾立未可持。一者以掩蔽，世人莫知之。"第一步踏上正路，最后一步也是对的。"乾"指元神，先天一炁、自然之光，纯阳能量。元神当家了，就可以走到底。得一万事毕，世人不知道玄关里藏着真一。也就是说，最初的根基一定要立好，最初如果对了，光就能修成，最初如果错了，几千年也养不出光来。乾是纯阳之光，无心无念就能招来纯阳，保持无心无念，纯阳的能量就汇聚了，就立足了，叫本立道生。有了这股纯阳能量，一切自然而然就形成了，根本不用费劲。

炼己立基章讲心光初成，中脉通，光润肌肤。

明两知窍章第七

上德无为，不以察求。下德为之，其用不休。上闭则称有，下闭则称无。无者以奉上，上有神德居。此两孔穴法，金炁亦相胥。

"上德无为，不以察求。""上德"是自然的，就像呼吸，不着意时便无察觉。没有察觉却永远生生不息地存在，那就是玄关，是自然之光的律动。上德之人，是很自然的人，自然之心强大，自然能量也强大。较真的人很不自然，得光的能量就少。自然的人，本性未伤，只要顿悟本性，无修无证，直超彼岸，察求之功无所用。

"下德为之，其用不休。""下德"是不自然的，要有为地用功。自然是纯阳，先天一炁之光是纯阳。不自然的人，充满阴气，要先把阴气转阳，填坑补漏，识神退位，逐渐返回先天。不自然的人，精气漏了很多，必须得补，后天意识太强大了，必须得退，不退能量不会来。不自然的人总想人为地操控，"其用不休"，是讲他不停地忙活，用各种有为法盲修瞎炼。

"上闭则称有，下闭则称无。""上"指离卦，"下"指坎卦。离卦中间的阴爻关闭了，变成乾卦，乾卦就是自然之光。坎卦中间的阳爻关闭了，变成坤卦，坤卦的空、无就会与乾卦自动合一。合一就是先天一炁、自然之光。一炁的光芒在人体形成一个圆圈，无限地循环。

"无者以奉上，上有神德居。""无"指真阴，真阴是阳中之阴，因为带着阳

升的属性，所以落下后会自动上升。"有"指真阳，真阳是阴中之阳，因为带着阴降的属性，所以上升后会自动落下，真阴真阳，阴阳二，永远在混一，一就是自然之光。自然之光在这个循环的作用下，光定居在头部，自然之光把脑光养大了。

"此两孔穴法，金炁亦相胥。"太极图的阴阳眼，上边是阳中之阴的真阴，下边是阴中之阳的真阳。"金炁"即金光，"相胥"是共同的意思，有了真阴真阳的自动合一，就有了金光的产生。

知白守黑，神明自来，白者金精，黑者水基。水者道枢，其数名一。阴阳之始，玄含黄芽。五金之主，北方河车。故铅外黑，内怀金华，被褐怀玉，外为狂夫。

"知白守黑，神明自来，白者金精，黑者水基。水者道枢，其数名一。"肺金的颜色为白，肾水的颜色为黑。魄在肺，肺藏精，白是精的光色。元精发生在腹部黑水里，却发出白色的光雾。本来金生水，母生子，先天真阳一动，是子生母，水中生金。这就是黑白的关系，是光诞生的原理。白为兑金之精，黑是水气之色，肾水是人性命的基础，也是道性转化的枢纽。精在魄，色白；肾水为黑，肾精是道之枢纽，要得先天一炁，肾气不足也难。天一生水，水的数是一。

"阴阳之始，玄含黄芽。"天一生水，一就是先天一炁，是人的心光。在肉身还没有形成之前，一对阴阳细胞，只有父母的阴阳二气，二气合一，才诞生了人的胞胎。有了胞胎，就有了真阴、真阳自动合一式的循环，真阴、真阳交媾产黄牙，黄牙就是小光点。生机之气的产生，如草木在地中萌芽，其色黄嫩，其质纯水，故名黄芽。

"五金之主，北方河车。故铅外黑，内怀金华，被褐怀玉，外为狂夫。""五金"指五行，先天一炁是无形的，通过有形的五行体现，所以说先天一炁是五金之主。先天一炁是老天的元气，肾气是人的先天之本，先天一炁借助肾气入体，光气从水中上升，又名河车。铅的外面是黑色，里面却是金色，真铅表面是黑水，里面含着金的精华，就像一个怀里揣着宝玉，外着一件破衣服，疯疯癫癫的人。

金为水母，母隐子胎。水为金子，子藏母胞。真人至妙，若有若无。仿佛大渊，乍沉乍浮。退尔分布，各守境隅。采之类白，造之则朱。炼为表卫，白里真居。方圆径寸，混而相拘。

"金为水母，母隐子胎。水为金子，子藏母胞。"肺金是肾水之母，金母里隐含着水这个子。肾水是肺金之子，子中包含着母体能量，金、水合为一家。

"真人至妙，若有若无。仿佛大渊，乍沉乍浮。退尔分布，各守境隅。"不灭的叫真，先天一炁、一点自然之光就是不死的真人。这个真人，至神至妙，非色非空，仿佛在一个巨大的深渊里乍沉乍浮。乍沉是寂然不动，乍浮是感而遂通。色空不拘，动静自然，至无而含至有，至虚而含至实，阴阳五行之气，无不具备。虽然看不到，但东、南、西、北都是它变的，每个角落都是它。

"采之类白，造之则朱。炼为表卫，白里真居。方圆径寸，混而相拘。"择取其类似白色的光气，锻造后白气变成光，最后锻造出人体的太阳。真阳之火锻造出光，光像城墙一样环绕，保卫着白光里的真人。直径有一寸长，白光、红光相拘团聚。

先天地生，巍巍尊高。旁有垣阙，状似蓬壶。环匝关闭，四通踟蹰。守御密固，阏绝奸邪。曲阁相通，以戒不虞。可以无思，难以愁劳。神炁满室，莫之能留。守之者昌，失之者亡。动静休息，常与人俱。

"先天地生，巍巍尊高。旁有垣阙，状似蓬壶。环匝关闭，四通踟蹰。守御密固，阏绝奸邪。"先天一炁、自然之光是一，天地阴阳是二，一的诞生早于二，最崇高、最尊贵。心光的周围像有宫阙，指心的窍脉，心脉打开时咔嚓一声，吓人一跳。形状又似蓬壶，把光围在里面。四周紧闭，只有光在其中徘徊。把心守住，以防外患。除内贼，内念不出。

"曲阁相通，以戒不虞。可以无思，难以愁劳。"弯曲相连的楼阁，要防备不测。心无为，则气和，气和则至宝结；心有为，则气乱，气乱则光华散。所以要无思，不可以愁劳。

"神炁满室，莫之能留。守之者昌，失之者亡。动静休息，常与人俱。"光长大了，满屋子都是光，人体的空间留不住它了。世间的智慧、财富都是光化出来的，所以守住光就能昌盛。光是寿命，丧失了光就是丢掉了寿数。光的动静、休息总是和人在一起的，与人动静相随。所以，人要觉察，知道什么是耗光，什么是留住了光。随时回到无心的状态，动静都要无心，就能守住最尊贵的生命之光。

明两知窍章讲心光的生成与形态。

明辨邪正章第八

是非历脏法，内观有所思，履行步斗宿，六甲以日辰。阴道厌九一，浊乱弄元胞。食炁鸣肠胃，吐正吸外邪。昼夜不卧寐，晦朔未尝休。身体日疲倦，恍惚状若痴。百脉鼎沸驰，不得清澄居。累土立坛宇，朝暮敬祭祀。鬼神见形象，梦寐感慨之。心欢意喜悦，自谓必延期，遽以夭命死，腐露其形骸。举措辄有违，悖逆失枢机。

"是非历脏法，内观有所思，履行步斗宿，六甲以日辰。"真阴、真阳之宝贝，非遍观五脏、冥思苦想而得。观想、踏罡步斗，在地上走天罡星，把天罡星的能量带下来了。吞服六甲神符的，都是后天之假，非先天之真。

"阴道厌九一，浊乱弄元胞。食炁鸣肠胃，吐正吸外邪。昼夜不卧寐，晦朔未尝休。身体日疲倦，恍惚状若痴。"房中术的九浅一深，用浊精妄想弄出光来。食炁肠胃鸣响的，吐出了正气，吸进了邪气。昼夜不睡的，搬精运气，身体疲倦不堪，人呈现痴傻状。以上几种都是在肉身上求光，所以是旁门左道，不是自然之光。

"百脉鼎沸驰，不得清澄居。累土立坛宇，朝暮敬祭祀。鬼神见形象，梦寐感慨之。"身上血脉乱窜，没有清净的时候。累土做神坛，早晚虔诚跪拜，看见一些虚象，或在睡梦中见到鬼神形象。

"心欢意喜悦，自谓必延期，遽以夭命死，腐露其形骸。举措辄有违，悖逆失枢机。"见到这些虚象，高兴得不得了，认为自己能延寿了，殊不知反而可能

早亡。旁门左道，流入阴魔邪术，或夭折，或得怪病，本想长生，反而短命，所有的努力都背天错时。

诸术甚众多，千条有万余，前却违黄老，曲折戾九都。明者省厥旨，旷然知所由。勤而行之，夙夜不休。伏食三载，轻举远游，跨火不焦，入水不濡，能存能亡，长乐无忧。道成德就，潜伏俟时。太乙乃召，移居中洲，功满上升，膺箓受图。

"诸术甚众多，千条有万余，前却违黄老，曲折戾九都。"诸如此类的法术太多了，有成千上万种。这些法术向前看，违背了黄帝、老子清静无为的宗旨，其曲折复杂，也违背了天机自然。

"明者省厥旨，旷然知所由。勤而行之，夙夜不休。"醒悟了的人会追问真假，会走正道。开了玄关，先天一炁日夜不停，天光炼人心光，才是正道。

"伏食三载，轻举远游，跨火不焦，入水不濡，能存能亡，长乐无忧。"得了自然之光，三年心光养大，一念到千里外，火不能烧，水不能溺，宇宙任我行，可长乐无忧。

"道成德就，潜伏俟时。"道无形，德一之光显道，光长成了，称为道成德就。自然之光就是人的心光，心光隐而不露，等待成熟。

"太乙乃召，移居中洲，功满上升，膺箓受图。"北斗七星对着的是北极星，在北斗七星和北极星中间的是太乙星。太乙居宇宙的核心，心光长成，回归本原。太乙元神合于形体，主宰中宫。十月功满，移炉换鼎，上升到头，接受信息，提升维度，好像老天给了你一个学位证书似的。

明辨邪正章讲有为法都不能长心光。

无极系列之《四御》

龙虎两弦章第九

火记不虚作，演易以明之。偃月法炉鼎，白虎为熬枢；汞日为流珠，青龙与之俱。举东以合西，魂魄自相拘。上弦兑数八，下弦艮亦八，两弦合其精，乾坤体乃成。二八应一斤，易道正不倾。

"火记不虚作，演易以明之。"《火记》是古老的《易经》版本之一，伏羲画先天八卦，文王演后天八卦，孔子写卦辞，是三圣所作，是绝对的真理。《火记》不是空洞的理论，是用《易经》的卦象来演绎心光的成长。

"偃月法炉鼎，白虎为熬枢；汞日为流珠，青龙与之俱。"坎卦代表月，像个炉子，叫偃月炉。偃月之光，从西而生，取象为金，为白虎。腹部的炼丹炉里，锻造的是肺金的精气，精气的能量象是白虎。这是人体先天精、气、神的要点，相当于天枢的地位。汞指水银，日属火，汞像流珠，心光像流珠、水银一样流动不定，一念一道心光飞逝。火生于木，火中具有木气，木火相含，取象为青龙。心一动，心光就散了。心念能管住，光才能凝定，火能反过来生木，火不生焰而返本。

"举东以合西，魂魄自相拘。上弦兑数八，下弦艮亦八，两弦合其精，乾坤体乃成。二八应一斤，易道正不倾。"龙性属阳为魂在东，虎性属阴为魄在西，水中生金，火中生木，真情、真性相会，魂魄自相拘束，两而不离，龙虎魂魄自动阴阳合一。坎卦如月上弦之金八两，离卦如月下弦之水半斤。两弦之气，合而

为一，坎离变乾坤，后天返先天，二返一，一就是光。明白了《易经》这个道理，性命之道才圆满。（如图16）

龙虎两弦章讲真龙、真虎合一，是心光元神的成因。

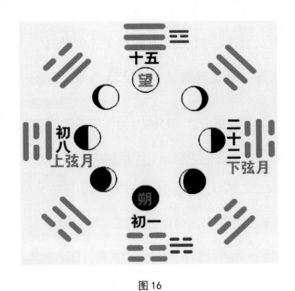

图16

金返归性章第十

金入于猛火，色不夺精光。自开辟以来，日月不亏明。金不失其重，日月形如常。金本从月生，朔旦日受符。金返归其母，月晦日相包。隐藏其匡廓，沉浮于洞虚。金复其故性，威光鼎乃熺。

"金入于猛火，色不夺精光。自开辟以来，日月不亏明。金不失其重，日月形如常。"真金不怕火炼，金色之精光，不因猛火而失色。自宇宙诞生以来，日月之光辉长明。乾金之炁不会减少，就像日月永在。

"金本从月生，朔旦日受符。金返归其母，月晦日相包。""金"指乾金之心光，"月"指得了先天一炁的肾气，心光来自元精，叫"金本从月生"。朔旦日来受符，月得日光而孕震，初三一阳现于坤地，是金性返归母性的光明。"月晦"指三十，日包月体为纯阴。

"隐藏其匡廓，沉浮于洞虚。金复其故性，威光鼎乃熺。"隐藏匡廓之形，沉沦灭迹，入于洞虚之地。从一阳生到光圆，防危虑险，隐藏沉沦，归于无何有之乡。亦如月光晦而无迹，日月相抱如一。十五的月亮，比喻乾卦的金炁，本来圆满的光，恢复了本来面目，金来归性初，性初就是一点灵光、自然之光。丹成鼎有威光，熺然而炽盛。

金返归性章讲真阴、真阳合一，一点灵光复原，大自然的光也就接通了。

无极系列之《五帝》

二土全功章第十一

子午数合三，戊己号称五。三五既和谐，八石正纲纪。呼吸相含育，伫思为夫妇。黄土金之父，流珠水之子。水以土为鬼，土镇水不起。

"子午数合三，戊己号称五。"子水数一，天一生水；午火数二，地二生火。子午合数是三，戊己土为五。（如图17）

"三五既和谐，八石正纲纪。""三"是水、火、土，"五"是五行。水、火中包括金、木，实际上就是五行，三和谐就是五和谐，和谐了光就产生了。"八石"是炼丹的矿物，有了光也可以点石成金，何况是人体，有了光就很了不得。

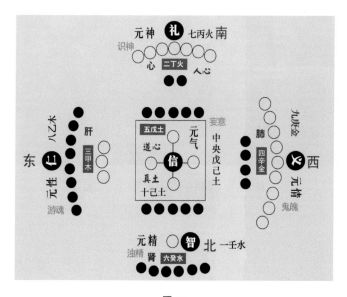

图17

"呼吸相含育，伫思为夫妇。"真阴、真阳已经同一个呼吸，伫思是停止了思维，凝住了，阴阳已经完全混到一起了。阴阳合一，在一的状态，顾不上想，呼吸之间互相一体两动，就像阴阳凝神在交媾。

"黄土金之父，流珠水之子。"土生金，土是乾金之父。"流珠"是光，元性之光，水生木，木是魂，是魂光，魂光是水生出来的。

"水以土为鬼，土镇水不起。""鬼"是管的意思，土管着水，水就不会泛滥，人元精发动时，不用管，体系会自动平衡，但是人心一动，就破坏了自然体系，该管的就管不住了。真阳之火发生的时候很热，感觉像在燃烧，让人坐立不安。人心不动的话，静下来就是土，真静与真阳中和，成为光。静不下来就会水泛滥，就是阳亢。

朱雀为火精，执平调胜负。水盛火消灭，俱死归厚土。三性即合会，本性共祖宗。巨胜尚延年，还丹可入口。金性不败朽，故为万物宝。术士伏食之，寿命得长久。

"朱雀为火精，执平调胜负。"红色的神鸟朱雀，是心光的象，朱雀是火的精华。火有两个，一个是心光之神火，一个是后天意识之燥火。先天高能量，心光和神火才能调节平衡，在阴阳搏击中分出胜负。

"水盛火消灭，俱死归厚土。"水火有一个互相制衡，不用人操心，心光自动就管好了。水中有阳土，火中有阴土，水火都归于土，就是"俱死归厚土"。

"三性即合会，本性共祖宗。"离中真阴称一性，坎中真阳称一性，中央真土称一性，三性合一就是祖性，就是原始祖气、先天一炁、自然之光。

"巨胜尚延年，还丹可入口。""巨胜"指麻黄，吃了巨胜尚能够延寿，何况

大自然之光的能量，肯定不成问题。

"金性不败朽，故为万物宝。"先天一炁的自然之光是永恒的高能量，可以生万物，所以是宇宙中的至宝。

"术士伏食之，寿命得长久。"得了大自然之光，药在人的体内循环，叫伏食。如果吃了先天一炁，寿命一定会很长。

土游于四季，守界定规矩。金砂入五内，雾散若风雨。熏蒸达四肢，颜色悦泽好。发白皆变黑，齿落生旧所。老翁复丁壮，耆妪成咤女。改形免世厄，号之曰真人。

"土游于四季，守界定规矩。金砂入五内，雾散若风雨。熏蒸达四肢，颜色悦泽好。发白皆变黑，齿落生旧所。老翁复丁壮，耆妪成咤女。"每个季度的后十八天为土，土环绕着四季，戊己二土本无定位，周流四季应四方。金、木、水、火无非土之疆界，服务于中央土。自然之光入五脏，像风雨之后雾散，体内被金光熏蒸，通达四肢。人的气色变好了，头发变黑了，掉的牙也长出来了，老头变得像小伙子一样整夜的阳生，老太太的皮肤像小姑娘一般细腻。

"改形免世厄，号之曰真人。"得了先天一炁，人的神态、身形都得到完全的改变。强大的纯阳之光，化解一切阴气。世间的苦厄，不过是阴气化的，如果强大的阳气把阴气平衡了，就远离了灾难之苦。"真"是永恒的意思，得了永恒之光的人，就叫真人。

二土全功章接着上一章讲心光的形成，除了真阴、真阳外，还要有真土。

无极系列之《六司》

同类合体章第十二

胡粉投火中，色坏还为铅。冰雪得温汤，解释成太玄。金以砂为主，秉和于水银。变化由其真，终始自相因。欲作伏食仙，宜以同类者，植禾当以谷，覆鸡用其卵。以类补自然，物成易陶冶。鱼目岂为珠？蓬蒿不成槚。类同者相从，事乖不成宝。燕雀不生凤，狐兔不乳马。水流不炎上，火动不润下。世间多学士，高妙负良材。邂逅不遭遇，耗火亡资财。

据按依文说，妄以言为之。端绪无因缘，度量失操持。捣冶羌石胆，云母及矾磁。硫黄烧豫章，泥于相炼冶。鼓下五石铜，以之为辅枢。杂性不同类，安肯同体居。千举必万败，欲黠反成痴。稚年至白首，中道生狐疑。背道守迷路，出正入邪蹊。管窥不广见，难以揆方来。侥幸讫不遇，圣人独知之。

"胡粉投火中，色坏还为铅。冰雪得温汤，解释成太玄。"铅粉投进火里颜色虽然变了，但还是铅。冰雪本是寒水结成，如果见了热汤，就会化为太玄之水。这里特指真阳之火变成了真阴之水，这是一个自然、自动的过程。只要真火变出真水来了，玄妙的事情就不断出现，所以它叫太玄水，就是真阴之水。

"金以砂为主，秉和于水银。"朱砂提炼出汞，汞是水银，也就是心光。丹砂和水银是秉性相合的。

"变化由其真，终始自相因。"真阴、真阳的这种变化，自始至终是一个自动的过程，相因就是紧接着的意思。

"欲作伏食仙，宜以同类者，植禾当以谷，覆鸡用其卵。"有光就是仙，光入体叫伏食。元神德一之光是仙，魂魄阴阳二是人。想做一个伏食光的神仙，就要明白同类相生的原理，始终是自然生化。种稻谷就要用谷子作种子，孵小鸡就要用鸡蛋，同类相生，出于自然，事情就很容易成。

"鱼目岂为珠？蓬蒿不成槚。类同者相从，事乖不成宝。"鱼的眼睛怎么能当成珍珠呢？"槚"就是茶树，蓬蒿怎么能当成茶树呢？表面上是一类的东西，但是本质上没有关系，所以不能炼出宝贝。先天元精是无形的才能化成光，后天的浊精浊气，怎么可能化出心光来？

"燕雀不生凤，狐兔不乳马。"燕雀怎么可能生出凤凰呢？狐狸和兔子怎么可能生养骏马呢？

"水流不炎上，火动不润下。"这里讲的是肾水和心火，是后天的水火，水向下流动不能上腾，火向上飞腾不能像水一样润泽大地。一切有形有质的东西，都不是先天之真。

"世间多学士，高妙负良材。"很多有志向、有学问的人，其实是很好的栋梁之材，但是多数都辜负了这样好的条件。

"邂逅不遭遇，耗火亡资财。"世人福薄，难逢真师，往往多流于伪术，或者说遇到了真师却不珍惜，有形的钱财和无形的能量都浪费了，得不了真。

"据按依文说，妄以言为之。端绪无因缘，度量失操持。"依照文字的意思自学，用自己的无知误会，附会丹经而炼。把毫无必然关系的事物放在一起，也不知道深浅，关键点都没办法把握，这样做心光是长不出来的。

"捣冶羌石胆，云母及矾磁。硫黄烧豫章，泥于相炼治。鼓下五石铜，以之

为辅枢。杂性不同类，安肯同体居。"有的烧茅炼丹者，把精力花在石胆、云母、矾磁二石和硫黄这些物质上，把这些有形的东西放在一起锻烧，结果丹砂四散，即使加上五石铜，以为自己找到了成功的枢纽，却不明白，这些杂物本来就不是同类，如何能将它们聚合在一起炼出心光呢？

"千举必万败，欲黠反成痴。稚年至白首，中道生狐疑。背道守迷路，出正入邪蹊。"所以千般作为，必有万次失败，想狡黠，好像自己很有心计，反而弄到精神失常，成了疯子。从初期的崇拜到后来产生怀疑，离开了正念踏上邪路，自己还不知道。

"管窥不广见，难以揆方来。侥幸讫不遇，圣人独知之。"因为了解不多，没有比较，所以不知真假，靠猜度难以把握将来。抱侥幸心理，不尊师重道，还想得到高人点化，圣人早就知晓了每个人的心理。

同类合体章讲先天之真才能自动融合，后天之假对于长心光来说，都是没用的。

无极系列之《七元》

三圣前识章第十三

若夫至圣，不过伏羲，始画八卦，效法天地。文王帝之宗，结体演爻辞。夫子庶圣雄，十翼以辅之。三君天所挺，迭兴更御时。优劣有步骤，功德不相殊。制作有所踵，推度审分铢。有形易忖量，无兆难虑谋。作事令可法，为世定此书。

"三圣"指《易经》的作者伏羲、文王和孔子。

"若夫至圣，不过伏羲，始画八卦，效法天地。文王帝之宗，结体演爻辞。夫子庶圣雄，十翼以辅之。"至尊的圣人，莫过于伏羲，他效法自然画先天八卦，周文王做后天八卦，将先后天八卦重叠推演，并加文字解释，著成《周易》。孔子为解释《周易》作了十翼，写了更多解释的文字。

"三君天所挺，迭兴更御时。"这三位圣人都是天之骄子，他们作易、探索自然大道都有天助。三位相继兴起，都能与时俱进，合天时。

"优劣有步骤，功德不相殊。制作有所踵，推度审分铢。"任何一种文化，都会有一个产生、发展的过程，在伏羲画八卦前还有别的原始的易，例如前面所说的《火记》，"三圣"不过是后来的大成者。伏羲之易取诸造化，文王之易取诸伏羲，孔子之易兼取诸羲文，同出一源，其间分数铢两毫发不差。

"有形易忖量，无兆难虑谋。作事令可法，为世定此书。"有形的东西容易思量，无形之道难以揣摩。先天一炁、自然之光是无形的，无形的怎么把握？正是因为伏羲画了八卦，"三圣"作了《易经》，并把它作为万物运动规律的依据，才能让人们把握无形，让人做事有法可依。

素无前识资，因师觉悟之。皓若寒帷帐，嗔目登高台。火记六百篇，所趣等不殊。文字郑重说，世人不孰思。寻度其源流，幽明本共居。窃为贤者谈，曷敢轻为书？若遂结舌喑，绝道获罪诛。写情着竹帛，又恐泄天符。犹豫增叹息，俯仰缀斯愚。陶冶有法度，未可悉陈敷。略述其纲纪，枝条见扶疏。

"素无前识资，因师觉悟之。皓若寒帷帐，嗔目登高台。"我（魏伯阳）不是天才，因以"三圣"为师，使我领悟。道靠师传，得了师父的点化觉悟之后，夙障尽空，疑团冰释，双目洞明，就像站在高台上，打开了多维空间的广大世界，好像把先天一炁虚无大道的事情看清楚了。

"火记六百篇，所趣等不殊。文字郑重说，世人不孰思。寻度其源流，幽明本共居。"《火记》六百篇，和《易经》所讲的道理都是一样的。文字说得很郑重，只是世人不去琢磨。就像《周易参同契》讲的是先天一炁，人的心光的来源，但是很多学了无为法的人、修大道的人，也看不懂。如果能深入了解此书，知道来龙去脉，隐显都在其中。无形的大道，实际上是隐显互动的。虽然看不见，但它却真实存在。就像太阳升起来了，月亮升起来了，是因为背后的先天一炁在，才有日月升降。

"窃为贤者谈，曷敢轻为书？若遂结舌喑，绝道获罪诛。"我认为它们都是圣人写的书，怎敢轻易地写，如果写错了，逃脱不了老天的惩罚。

"写情着竹帛，又恐泄天符。犹豫增叹息，俯仰缀斯愚。"把自己体验到的

都写在竹帛上，又恐怕天机尽泄。犹豫又叹息，拿起来又放下，只怕自己智慧不够，不能将问题讲清楚。

"陶冶有法度，未可悉陈敷。略述其纲纪，枝条见扶疏。"自然之光是隐显共传的，不可能全写出来，只能写一个大概。鼎器药物，粗述纲纪。采取烹炼，微露枝条。六十四卦的阴阳变化是有规律、有法度的，说也说不完。

三圣前识章讲华夏文明的核心，是对自然之光的探索。这个文明的脉络，是一脉相承的。

无极系列之《八极》

金丹刀圭章第十四

以金为堤防，水入乃优游。金计有十五，水数亦如之。临炉定铢两，五分水有余。二者以为真，金重如本初。其土遂不离，二者与之俱。三物相含受，变化状有神。

"以金为堤防，水入乃优游。"此处的金指纯阳乾卦的虚静元神，元神最懂得分寸，像堤坝一样守护着。元神主事，元精会从容自在。

"金计有十五，水数亦如之。临炉定铢两，五分水有余。"乾金元神的数是十五，水也是十五，金有多少水就有多少。金水均衡，各占一半，感觉和能量一直同步。有多少能量，就有多少感觉，感觉早了、迟了都不行。"临炉定铢两"，指真阳能量发生的时候，分辨清浊，二分时是清，如婴儿无知无识，五分有余就是浊精了。

"二者以为真，金重如本初。"金水是真金、真水、元神与元精，金光就恢复了本来面目，圆坨坨、光烁烁。本初就是一点灵光，火候正好，药量正好，就化成光，一点灵光就恢复了。

"其土遂不离，二者与之俱。三物相含受，变化状有神。"真金、真水合一离不开真土。元精发动，土克水，水太猛了，土将水围住了，水就不泛滥，从凶猛的状态变得很温和了，这是一个自动降服、自动转化的过程。土是阳土，乱动心思的燥火是假土，假土添乱，只有真土才能把水围住。先天的真阴、真阳、真土，也就是金、水、土三者自动地转化，相生相克。神就是光的意思，金、水、土三者相容，光就变化出来了。

下有太阳炁，伏蒸须臾间。先液而后凝，号曰黄舆焉。岁月将欲讫，毁惟伤寿年。形体如灰土，状若明窗尘。捣治并合之，持入赤色门。固塞其际会，务令至完坚。炎火张于下，昼夜声正勤。始文使可修，终意武乃陈。

"下有太阳炁，伏蒸须臾间。先液而后凝，号曰黄舆焉。"水就是坎卦，下指腹部，腹部像太阳落在水里，真火熏蒸上腾，元精发动，须臾间，就变成蒸汽冲上头了。离宫真水应之，先化为白液，后乃凝而至坚。真阳之气先化成真阴之水，好像是白色的液体一样，然后凝结变成固体。两者交汇于黄房，运旋不停，有黄舆之象，真阴、真阳合一了以后，就变成金光。

"岁月将欲讫，毁惟伤寿年。形体如灰土，状若明窗尘。"随着岁月流逝，人本来想长寿，如果方法不对，反而会早死，弄浊精浊气，毁掉了生命的精华而伤及寿命，得不偿失。当真阳能量发生时，是一种非常状态。这时，要身如壁立，意若寒灰。心念就像窗明几净一样，对镜无心。一念不起，一动一起就变成后天的浊精了，不仅没得长寿还会早死。

"捣治并合之，持入赤色门。固塞其际会，务令至完坚。"能量起来电感特别强时，神要定住它，像捣蒜一样，感觉和电合并，叫"捣治并合之"。"赤"指太阳光，你的神凝定住了，阴阳合一了，就是光的诞生。进入玄牝之门，一个光的世界，一个先天的世界。"赤色门"指虚灵不昧，无微不照。在阴阳交会的时候，能够凝神不动，叫"固塞其际会"，"际会"就是阴阳交会的时候。"务令至

完坚"，指一定要等到阴阳结合得十分结实，龟和蛇交缠在一起，能量才是铺天盖地的。沉住气，等能量归于平静，生命就完全合一了，直到这个时候你才能松一口气，直到生命结实地合一，这才是胎完神全。

"炎火张于下，昼夜声正勤。"丑时生人，真阳之火从腹部升起，真阴、真阳合一，德一之光就诞生了，一得永得。"昼夜声正勤"，是说二十四小时不停，天人相通，开玄关了，永远能感受到大自然之光的律动。

"始文使可修，终意武乃陈。"大药初生，用文火合丹，大药既生，用武火炼己。文火指神的感觉，靠感觉捕捉能量，光的能量已经有了，最怕后天意识的阴气，把光给烧了。燥火烧丹，武火是坚决管住杂念。武火就是修心性，意识在能量起来的时候会动，你要狠狠地管住它，管住杂念。

候视加谨慎，审察调寒温。周旋十二节，节尽更须亲。氤索命将绝，休死亡魄魂。色转更为紫，赫然成还丹。粉提以一九，刀圭最为神。

"候视加谨慎，审察调寒温。周旋十二节，节尽更须亲。"观察火候要谨慎细心，神很关注能量的状态，就像卫星定位一样，监控其发展过程，审察之时调节寒温。一天十二时辰，玄关一直在动，动一圈是不是就停了呢？不是的，它永远在转，整个过程，循环无端，功夫不息。

"氤索命将绝，休死亡魄魂。"人定得很深，像没了呼吸一样，气都绝了。气绝的过程，是魂魄在合一，魂魄合一心光就形成了。七日生死关就像气绝，这个变化是以七天为单位，每七天、十四天、二十一天都这样。

"色转更为紫，赫然成还丹。"在大定中，铅尽汞干，变种性为真性。过生死关就是魂魄合一的过程，魂魄合一之后就形成了新的灵体元神。元神成了以后，元神的光就叫金丹，丹光的颜色由金色变成紫色，金丹至紫，表示纯阳无杂质，又名紫金丹。

"粉提以一丸，刀圭最为神。"金丹就像一点粉末制成了一个药丸，比喻无形、量很小。刀圭是两个土擦到一起，水里的阳土，火里的阴土，阴土、阳土合一了，这就叫刀圭。刀圭形成了，即光产生了，光是有妙用的。能出死入生，能点枯骨复活，能开瞽目复明，服之者立跻圣位，神妙之处常人不可想象。就像在《西游记》"四圣试禅心"那一章，孙悟空的眼睛瞎了，被舌头一舔就能看见了。讲先天一炁的紫金丹，是高能量的纯阳之光，这种超强的生机活力，是难以想象的。

金丹刀圭章讲魂魄合一心光成，太极图的黑白部分消失，只剩一个外圈。

水火情性章第十五

推演五行数，较约而不繁。举水以激火，奄然灭光明。日月相薄蚀，常在朔望间。水盛坎侵阳，火衰离昼昏。阴阳相饮食，交感道自然。名者以定情，字者以性言。金来归性初，乃得称还丹。

"推演五行数，较约而不繁。举水以激火，奄然灭光明。"《易经》是很简单的，搞复杂了就是不懂《易经》。一切都是先天一炁化生的，懂了先天一炁这个根，八卦、六十四卦就都变得简单了。在人体推演五行的数，金液还丹是很简单的。将水泼到火里，火就会被扑灭，就这么简单。

"日月相薄蚀，常在朔望间。水盛坎侵阳，火衰离昼昏。"太阳和月亮相互蚕食，发生在朔日和望日之间。日月相交就在初一和十五，朔日是初一，望日是十五。月体水盛而阳亏，日色火衰而昼昏，是阴阳偏孤、两不相济之象。

"阴阳相饮食，交感道自然。名者以定情，字者以性言。"阴阳是在相互吸引、给予中达到平衡的，是自然的交感。给真阴、真阳取了名字，分别叫元情、元性，性情自然，皆出无心，性情本为一物。

"金来归性初，乃得称还丹。"魄金归于魂木，木为元性，金为元情。既往而有所归叫还丹，有多种还丹，大小还丹，金液、玉液，但是最终目的是魂魄合一，一点灵光的恢复。

吾不敢虚说，仿效圣人文。古记题龙虎，黄帝美金华。淮南炼秋石，玉阳加黄芽。贤者能持行，不肖毋与俱。古今道由一，对谈吐所谋。学者加勉力，留念深思惟。至要言甚露，昭昭不我欺。

"吾不敢虚说，仿效圣人文。古记题龙虎，黄帝美金华。淮南炼秋石，玉阳加黄芽。贤者能持行，不肖毋与俱。"作者声明，自己不敢胡编，是仿效古代圣人的文章，古记称"龙虎丹"，轩辕黄帝称它"美金华"，到了淮南子的时候称它"炼秋石"，玉阳称它"黄芽"，《参同》称"金砂"，曰"刀圭"。这些都是古人对"金液还丹"的赞美，一切贤德者都可以接受并能够身体力行，持怀疑而反对的人就不要理他，不要强迫他学。

"古今道由一，对谈吐所谋。学者加勉力，留念深思惟。至要言甚露，昭昭不我欺。"古今之道，实际上就是先天一炁。古今证得大道的人，都是得了一，以一应万。人应该很认真、很勤奋地好好研究，仔细领悟。古今证得大道的人，著书立说，恍如对面而谈，无不吐露，至切至要，更无一字自欺欺人。要点秘诀都吐露了，你体验了，就知道全是真话。

水火情性章讲水、火、金、木四象合一，心光成。到此，上卷十五章全部讲完了。

中卷
阴阳精炁章第十六

乾刚坤柔，配合相包，阳禀阴受，雌雄相须，须以造化，精气乃舒。坎离冠首，光曜垂敷，玄冥难测，不可画图，圣人揆度，参序元基。四者混沌，径入虚无。六十卦周，张布为舆。龙马就驾，明君御时。和则随从，路平不邪。邪道险阻，倾危国家。

"乾刚坤柔，配合相包，阳禀阴受，雌雄相须，须以造化，精气乃舒。"乾、坤两卦刚柔配合，交媾相包，阳赐予，阴承受，雌雄互相依存。阴阳合一既是自然之光，精、气、神三者，神是光，是造化的能量，有了光，精气就舒展了。

"坎离冠首，光曜垂敷，玄冥难测，不可画图，圣人揆度，参序元基。"首先坎、离相交，变成乾、坤二卦，乾、坤是真阴真阳，自动交媾化一。坎、离相交，光就产生了。光明普照，能生万物，其理至神至妙，难以测识，不好描述，圣人根据这个情况，参考万物的起始，用乾、坤、坎、离把自然之光产生的道理推测出来了。

"四者混沌，径入虚无。六十卦周，张布为舆。龙马就驾，明君御时。"四者指乾、坤、坎、离，四卦混合，形成一个圆圈，即先天一炁。四者再归混沌，重返虚无一炁。六十卦是四卦的运动轨迹。六十卦形成一圈的循环，循环不息，伸展开像是一辆马车。能驾驭这辆马车的叫龙马元神。元神是精气神的神光，所以叫明君，明君才能合天时。龙马能知真途，明君主政。

"和则随从，路平不邪。邪道险阻，倾危国家。"元神当家，识神顺从，顺应自然，阴阳调和，前后相随，修行就很顺利。正确的道路就是捷径，很顺利、很自然、很简单，什么都不知道就已经成了。违背自然，就会遇到很多坎坷，"国家"指的就是身体。没走对路就困难重重，危险重重。

阴阳精炁章讲是自然之光就很容易。

君子居室章第十七

君子居其室，出其言善，则千里之外应之。谓万乘之主，处九重之室，发号出令，顺阴阳节。藏器俟时，勿违卦月。屯以子申，蒙用寅戌。余六十卦，各自有日。聊陈两象，未能究悉。

立意设刑，当仁施德，逆之者凶，顺之者吉。按历法令，至诚专密。谨候日辰，审查消息。纤芥不正，悔吝为贼。二至改度，乖错委曲。隆冬大暑，盛夏霜雪。二分纵横，不应漏刻。水旱相伐，风雨不节，蝗虫涌沸，群异旁出。天见其怪，山崩地裂。

孝子用心，感动皇极。近出己口，远流殊域。或以召祸，或以至福，或造太平，或造兵革。四者之来，由乎胸臆。动静有常，奉其绳墨。四时顺宜，与炁相得。刚柔断矣，不相涉入。五行守界，不妄盈缩。易行周流，屈伸反复。

"君子居其室，出其言善，则千里之外应之。谓万乘之主，处九重之室，发号出令，顺阴阳节。""君子"指心光，与大自然之光一体，对光来说，没有距离，千里之外一念即到，叫感应。心光可谓人体帝王，处纯阳的中宫神室，也就是在玄关之中，发号施令，顺应阴阳变化。

"藏器俟时，勿违卦月。屯以子申，蒙用寅戌。余六十卦，各自有日。聊陈两象，未能究悉。"心光是虚无、隐藏的光，心光不会乱动，不执卦象，自合卦象，不违背卦与月配合的规律。其余六十卦，各有对应的日子。只是说了屯、蒙两卦，其他的没有细说，可以以此类推。

"立意设刑，当仁施德，逆之者凶，顺之者吉。按历法令，至诚专密。谨候日辰，审查消息。"刑与德相对，刑为阴，德为阳，刑主杀，德主生。设刑以去阴气，施德以养正气；违背自然就凶，顺应自然就吉祥。按律历法令，谨慎地守候其升降之日辰，审查其寒温之消息。

"纤芥不正，悔吝为贼。"只要有一点不诚恳就是假的。悔恨、纠结的后天意识都是阴气。一诚格天，凶可变吉，险可得易。

"二至改度，乖错委曲。隆冬大暑，盛夏霜雪。二分纵横，不应漏刻。水旱相伐，风雨不节，蝗虫涌沸，群异旁出。天见其怪，山崩地裂。"冬至、夏至不准，天地就乱了。就会冬天热，夏天冷；春分、秋分如果不守时，哪怕差一点儿，就会出现水涝和干旱，风雨乱了节气，虫灾也来临了，什么怪事都会一起出现。天见到这些怪异的事情，也会山崩地裂。

"孝子用心，感动皇极。""孝子"指心光元神，皇极就是先天一炁、自然之光。心很真，像儿童一样至纯是元神，不真是后天意识的识神。心光和大自然的光是相通的，心光是大自然的孩子。用元神真心就会感动皇极，感天动地。

"近出己口，远流殊域。或以召祸，或以至福，或造太平，或造兵革。四者之来，由乎胸臆。"心光强大的人，在这里说一句话，可以在很远的地方发生作用。一念感通之机，或逆之而召祸，或顺之而致福，或端拱而获太平之庆，或躁动而酿兵革之灾，四者都来自心光一念。就像儒家哲学强调的格物致知，人的心光和身边发生的事情是一体的。

"动静有常，奉其绳墨。四时顺宜，与炁相得。刚柔断矣，不相涉入。五行守界，不妄盈缩。易行周流，屈伸反复。"自然之光的动静是有规律的，这个规律是很严格的。顺四时阴阳，与自然之光一体，一切顺其自然，没有人为的干涉。四象环布，土德居中，东西南北，各有疆界，不会过，也不会不及。先天一炁周流一身，屈伸反复，无不合宜，身心都会受益。

君子居室章讲心光与大自然之光是一体的。

无极系列之《九曜》

晦朔合符章第十八

晦朔之间，合符行中。混沌鸿蒙，牝牡相从。滋液润泽，施化流通。天地神明，不可度量。利用安身，隐形而藏。始于东北，箕斗之乡。旋而右转，呕轮吐萌。潜潭见象，发散精光。昂毕之上，震为出徵。阳炁造端，初九潜龙。阳以三立，阴以八通。三日震动，八日兑行。九二见龙，和平有明。三五德就，乾体乃成。九三夕惕，亏折神符。盛衰渐革，终还其初。巽继其统，固际操持。九四或跃，进退道危。艮主进止，不得逾时。二十三日，典守弦期。九五飞龙，天位加喜。六五坤承，结括终始。酝养众子，世为类母。上九亢龙，战德于野，用九翩翩，为道规矩。阳数已讫，讫则复起。推情合性，转而相与。循环璇玑，升降上下。周流六爻，难以察睹。故无常位，为易宗祖。

"晦朔之间，合符行中。混沌鸿蒙，牝牡相从。滋液润泽，施化流通。"初一和三十，是晦朔之间。合符行中，行的是中、是道，中就是先天一炁、自然之光。初一和三十是阴阳结合的时候，阴阳相融合。鸿蒙是起始，混沌指阴阳混一。从阴极到阳生之际，阴阳一体相随。先天一炁滋润万物，洒遍每一个角落。（如图18）

"天地神明，不可度量。利用安身，隐形而藏。"天地之光，就是自然之光，虚无广大，无法度量。养人健康、长寿，却不见其身影。（如图19）

"始于东北，箕斗之乡。旋而右转，呕轮吐萌。"卦配月亮的位置从东北开始，是箕宿和斗宿的所在地。斗和箕是两颗星星的名字，月亮旋而右转，月光就一点一点地放出来，光就吐出来了。

"潜潭见象，发散精光。昂毕之上，震为出徵。阳炁造端，初九潜龙。"光出来了，到了昂宿和毕宿的位置，对应的是震卦，象征阳气已经出动了。震卦一阳升的时候，相当于乾卦的第一个爻初九，初九潜龙勿用，就是光还小，要慢慢积蓄。

"阳以三立，阴以八通。三日震动，八日兑行。九二见龙，和平有明。三五德就，乾体乃成。"初三月出庚方，有震动之象；初八上弦，月见丁方，有兑行之象。初三日就是震卦，初三有了一点点光，到初八的时候就有一半光，是上弦月了。初八的时候，相当于易经乾卦的第二个阳爻，叫九二见龙，光已经大些了。到了望日十五，德一之光已经成就，圆圆的光就养成了。

"九三夕惕，亏折神符。盛衰渐革，终还其初。巽继其统，固际操持。"阳

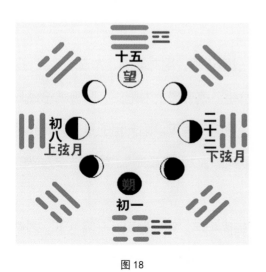

图 18

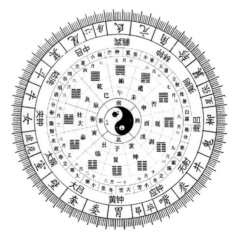

图 19

极该阴生了，就要警惕。亏折神符，到了阳极时，阳就要被侵蚀了，这时也要警惕了。月光从最弱到最强，又从最强到最弱，到坤卦，一圈就转完了。盛衰是渐渐变化的，从开始又回到开始。从复卦有了一点光，到乾卦光足，然后到坤卦光没了，又从复卦开始新一轮的转动。乾卦后一阴升是巽卦，这时要小心漏阳。

"九四或跃，进退道危。艮主进止，不得逾时。二十三日，典守弦期。"这个时候相当于乾卦的第四爻，进退都是有危险的，所以要很谨慎。随后到了艮卦，艮卦主止进，要随缘而动，不可逾越。到了二十三日的时候，以守为主。"典守弦期"，就是讲到下玄月的时候要以守为主，就是养阳。一个是升阳，一个是养阳，得阳靠天，养阳靠无心，静得住，虚得住，才能养住心光。

"九五飞龙，天位加喜。六五坤承，结括终始。"九五是乾卦的第五爻，光快成了，已经像龙一样能飞起来了，对天来说是好事，再差一个爻就成功了。"九"指阳爻，"六"指阴爻，"六五"指第五爻为阴爻，由坤来接续，把始终相连在一起。

"酳养众子，世为类母。上九亢龙，战德于野，用九翩翩，为道规矩。"众卦都是乾坤的子女，坤卦如母亲，养育群生。乾卦最上为阳爻，阳极就已经阳亢了。"战德于野"，是讲就像打仗一样，把阴气消灭。阳卦用的是九，坤卦用的是六，循环往复地用九，九转还丹才能纯阳。"为道规矩"，就是讲作为光的规律。

"阳数已讫，讫则复起。推情合性，转而相与。循环璇玑，升降上下。周流六爻，难以察睹。故无常位，为易宗祖。"阳到了极点，新的循环又开始了。先天一炁，上下左右没有一个固定的地方，无所不到，周流六虚。东、南、西、北都是先天一炁，要看到一，不要只看表象。大易的宗祖是无形的，一切有形的，包括四季、时间、空间都是它造出来的。

晦朔合符章讲心光在一个月中的变化。

爻变功用章第十九

朔旦为复，阳炁始通。出入无疾，立表微刚。黄钟建子，兆乃滋彰。播施柔暖，黎蒸得常。临炉施条，开路正光。光耀渐进，日以益长。丑之大侣，结正低昂。仰以成泰，刚柔并隆。远游交接，小往大来。辐辏于寅，运而趋时。渐历大壮，侠列卯门。榆荚堕落，还归本根。刑德相负，昼夜始分。夬阴以退，阳升而前。洗涤羽翮，振索宿尘。乾健盛明，广被四邻。阳终于巳，中而相乾。姤始纪序，履霜最先。井底寒泉，午为蕤宾。宾伏于阴，阴为主人。遁世去位，收敛其精。怀德俟时，栖迟昧冥。否塞不通，萌芽不生。阴申阳屈，没阳姓名。观其权量，察众秋情。任畜微稚，老枯复荣。荠麦牙蘖，因冒以生。剥烂肢体，消灭其形。化炁既竭，亡失至神。道穷则返，归乎坤元。恒顺地理，承天布宣。玄幽远眇，隔阂相连。应度育种，阴阳之元。廖廓恍惚，莫知其端。先迷失轨，后为主君。无平不陂，道之自然。变易更盛，消息相因。终坤复始，如复连环。帝王承御，千载常存。

"朔旦为复，阳炁始通。出入无疾，立表微刚。"在初一和三十之间交叉的时候，阳气开始来了，这时是复卦。阳气发生很顺畅的话，就有验证。"立表微刚"，是指太阳已经有微微的影子露出来了，已经有光了。

"黄钟建子，兆乃滋彰。播施柔暖，黎蒸得常。"黄钟在子位，光的预兆已经滋生、彰显了。自然之光释放生机能量，万物都苏醒了，得以争春。

"临炉施条，开路正光。光耀渐进，日以益长。"神光下照缓柔亲和，到阳气像临卦时，体内气路畅通一片光明。光耀逐渐增进，每日都有增长。子对应黄钟，丑对应大吕，讲卦和星光对应。黄钟、大吕、太簇、夹钟这一圈是十二律，对应的是二十八星宿，也就是天配地，星星配方位。

"丑之大吕，结正低昂。仰以成泰，刚柔并隆。远游交接，小往大来。"运行到丑位就像大吕的音律，连接端正，高低相合。直到仰看像泰卦时，阴阳合并而盛大。此时，阴阳相交，阴顺阳来。

"辐辏于寅，运而趋时。渐历大壮，侠列卯门。榆荚堕落，还归本根。"寅时到大壮卦，是光长大了，对应十二律的夹钟，列于卯位上。本来是春天二月的时候，榆荚却落了叶子，在阳生的时候也有杀，生杀是同时发生的。

"刑德相负，昼夜始分。夬阴以退，阳升而前。洗涤羽翮，振索宿尘。"到了春分的时候，刑与德相互背离，明暗开始分明。夬卦要到纯阳了，纯阳之前还有点阴，就像鸟抖动翅膀一样把那点儿灰尘抖掉，洗心革面，去除一切凡尘污垢。

"乾健盛明，广被四邻。阳终于己，中而相乾。姤始纪序，履霜最先。"到了乾卦，光可以照耀四面八方。阳气生发在己位结束，乾卦居中，与前后都能发生联系。从姤卦开始生阴，先看到霜，霜是姤卦的象。

"井底寒泉，午为蕤宾。宾伏于阴，阴为主人。遁世去位，收敛其精。"井底的凉水，午时律应蕤宾。蕤宾在阴位，阴气逐渐做主了。到了遁卦，位置就开始改变，精华逐渐收敛。先天一炁在春天阳升，在秋天收敛。

右图讲的是子、丑、寅、卯等卦，我在中间画了一只眼睛，讲的是这一圈的卦表现的是眼睛的神光成长过程。（如图20）

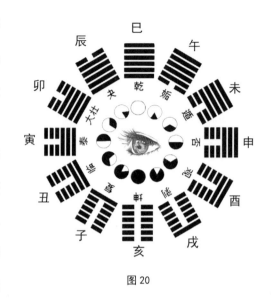

图20

"怀德俟时，栖迟昧冥。否塞不通，萌芽不生。阴申阳屈，没阳姓名。"怀着光等待时机，像隐退闭关。否卦之象为堵塞不通畅，萌动的光华不再生发。阴气在伸展，阳气在屈服，阳气逐渐被埋没。

"观其权量，察众秋情。任畜微稚，老枯复荣。荠麦牙蘖，因冒以生。"到了观卦，已经是金氛肃杀，孕育微弱稚嫩，老木枯树复生枝叶。荠麦发芽分蘖，这是因为能够在受克中求生。在枯干的季节还能发芽，还能复荣，这就是生杀一体。为什么人能返老还童？先天能量生杀一体，是自然天机的一部分，所以能枯木逢春。

"剥烂肢体，消减其形。化氛既竭，亡失至神。道穷则返，归乎坤元。"到了剥卦，就剩下一口气了，阳气化完了，形神就消失了。能够运化的真气已经枯竭，一点儿光也看不见了，物极必反，返归坤卦。阳极则返，万物蛰藏，归于坤静，从坤开始又回到坤了。

"恒顺地理，承天布宣。玄幽远眇，隔阂相连。应度育种，阴阳之元。"天怎么播种，地就怎么承接。天上地下似乎远渺而不相接，然日光月精同类相亲，如磁石吸铁，没有隔阂。日月及时交会，滋生真种的是先天一炁。阴阳天地交媾产先天一炁，就是"应度育种，阴阳之元"。

"廖廓恍惚，莫知其端。先迷失轨，后为主君。无平不陂，道之自然。"阴阳交媾这个玄关，是虚无的、看不见的，虽有圣哲，也不能窥测。先舍后得，奉献自我，乾、坤首先忘掉了自我，融为一体后才做了万物之主。没有坡比较不出平坦，事物的存在是自然的。

"变易更盛，消息相因。终坤复始，如复连环。帝王承御，千载常存。"阴阳的盛衰变化，跟着就有反应的消息。阴阳变化从复卦开始，至坤卦结束，就是一个循环过程，就像一个圆圈。帝王承此道以御世，则千载长存。

爻变功用章讲心光在一年中的变化。

养性立命章第二十

　　将欲养性，延命却期。审思后末，当虑其先。人所秉躯，体本一无。元精云布，因炁托初。阴阳为度，魂魄所居。阳神日魂，阴神月魄。魂之与魄，互为室宅。性主处内，立置鄞鄂。情主营外，筑垣城郭。城郭完全，人物乃安。爰斯之时，情和乾坤。乾动而直，炁布精流；坤静而翕，为道舍庐。刚施而退，柔化以滋。九还七返，八归六居。男白女赤，金火相拘。则水定火，五行之初。上善若水，清而无瑕。道之形象，真一难图。变而分布，各自独居。类如鸡子，白黑相符，纵广一寸，以为始初。四肢五脏，筋骨乃俱。弥历十月，脱出其胞。骨弱可卷，肉滑若饴。

　　"将欲养性，延命却期。审思后末，当虑其先。人所秉躯，体本一无。"如果能养本性之光，也就是心光，寿命就可以延长。想长寿，先要研究生之初。肉身不是体，只是个用，真体是先天一炁、自然之光。

　　"元精云布，因炁托初。阴阳为度，魂魄所居。阳神日魂，阴神月魄。"先天元精像云雾，是无形的炁的形式，也是生命的初始能量。元精是一，这个一入胎后，就变成阴阳二。阴阳二是指魂魄。元精的一就变成了魂魄，阳之神为魂，阴之精为魄。

　　"魂之与魄，互为室宅。性主处内，立置鄞鄂。情主营外，筑垣城郭。城郭完全，人物乃安。"阳魂与阴魄相互交融，阳魂安居于内，神不外驰；阴魄环绕于外，构筑防卫。元性魂主内，里面有微光；元情魄主外，像城墙一样保卫着微光。防卫严密，保护好光，生命就得安。

"爰斯之时，情和乾坤。乾动而直，炁布精流；坤静而翕，为道舍庐。"阴阳交会之时，元情魄精与乾坤相应。乾主动而直接，元气密布，精气溢流；坤静而收敛，是养道的炉舍。坤是腹部，像炼丹炉一样，将能量汇聚于此。

"刚施而退，柔化以滋。九还七返，八归六居。男白女赤，金火相拘。则水定火，五行之初。上善若水，清而无瑕。"乾刚施舍后就退却，阴柔将能量化育以滋养。历经九还七返、八归六居反复烹炼。九是金数，七是火数，以火炼金，叫九还七返，实指纯阳能量。八是土数，代表元气，六是水数，代表元精，心光元神的恢复，离不开元精、元气。男白指阳金，女赤指阴火，金火互相勾连约束，水能定住火，才能恢复五行之初的一点灵光。"上善"就是上德，是先天一炁的德一之光，心光是上善自然能量，清而无瑕。

"道之形象，真一难图。变而分布，各自独居。类如鸡子，白黑相符，纵广一寸，以为始初。四肢五脏，筋骨乃俱。弥历十月，脱出其胞。骨弱可卷，肉滑若饴。"大道离相离名，非一切意识可以揣摩而得。能量变化不停，分散遍布，各自独守一处。就像蛋黄，颜色形状有些相符。类似一个鸡蛋大小，颜色是黑白相间的，微微的灰色的元气泡。四肢、五脏、筋骨都已具备，经历十个月胎养，心光脱胎而出。骨头软得可以卷起来，像个小面条人。一个小孩拿着一个小盘子，上边坐着小金人（如图21）。《西游记》中孙悟空偷吃了九千年一熟的大桃子，变成一寸小金人在树上睡觉。光纯阳后，已经成形了。微型的小人，纵广一寸。

养性立命章讲养好了心光就长寿，心光才是人的真命。

图 21 《真一》

无极系列之《十都》

二炁感化章第二十一

阳燧以取火，非日不生光。方诸非星月，安能得水浆？二炁玄且远，感化尚相通，何况近存身？切在于心胸。阴阳配日月，水火为效征。

"阳燧以取火，非日不生光。方诸非星月，安能得水浆？"拿镜子照着太阳把火柴点燃，但是没有太阳怎么取火呢？拿瓢一样的贝壳，借着月光取水，如果没有月光，看不见怎么取水呀？

"二炁玄且远，感化尚相通，何况近存身？"天上的日月与世间的水火，相距不知多远，然而隔阂潜通，如磁吸铁，因为同类易亲，感化相通。阴阳二炁玄妙悠远，感化尚能相通，何况身体里的阴阳。

"切在于心胸。阴阳配日月，水火为效征。"关键在于心的作用。如果心是空静的，致虚极，守静笃，自然就水火交媾。

天地配阴阳纳甲，水火在中心，阴土和阳土是后天意识和先天知觉，自然心灵，阳土和阴土合一，水火就交；阴土和阳土不合一，水火就不交。天地那么远都交，人身上这么近的水火，怎么就不交呢？关键是心要对！空静、柔软、虚无、自然的真心才行！心不正，能量不来。

二炁感化章讲心光的诞生来自真阴、真阳的自然交感。

无极系列之《十玄》

关键三宝章第二十二

耳目口三宝，闭门无发通。真人潜深渊，浮游守规中，旋曲以视听，开阖皆合同，为己之枢辖，动静不竭穷。离炁内营卫，坎乃不用聪，兑合不以谈，希言顺鸿蒙，三者既关键，缓体处空房。委志归虚无，无念以为常。证难以推移，心专不纵横，寝寐神相抱，觉悟候存亡。颜色浸以润，骨节益坚强。排却众阴邪，然后立正阳。修之不辍体，庶炁云雨行。淫淫若春泽，液液象解冰，从头流达足，究竟复上升，往来洞无极，怫怫被容中。反者道之验，弱者德之柄。耕耘宿秽污，细微得调畅。浊者清之路，昏久则昭明。

"耳目口三宝，闭门无发通。真人潜深渊，浮游守规中，旋曲以视听，开阖皆合同，为己之枢辖，动静不竭穷。"元精、元气、元神是内三宝，耳、目、口是外三宝；欲得内三宝还真，全在外三宝不漏。无位真人潜藏北极太渊，勿助勿忘，有浮游之象。你静下来听，才能感受到，感受到能量一开一合地起伏，这就是玄关。玄关里的能量永远不停，动静无穷，心光是人体的要害。

"离炁内营卫，坎乃不用聪，兑合不以谈，希言顺鸿蒙，三者既关键，缓体处空房。"离卦是火、是心气，在内守卫着心光。听，精气就泄出去了，精气不泄为其聪。兑指口，闭口不说话。不听、不看、不说，精、气、神合一，以顺应光的混沌状态。精、气、神三者是关键，放松身体处于空房之中，排除杂念归于虚无。

"委志归虚无，无念以为常。证难以推移，心专不纵横，寝寐神相抱，觉悟候存亡。"心至于虚无，虚以待之，无念之念是正念，正念时时现前，方有得药之时。本来人人具足，可以立竿见影，但因为人心定不住，所以验证很难。睡觉的时候，元神与元炁相抱，必须常觉常悟，查验真种的存亡。很多梦里的景象，是能量验证。

"颜色浸以润，骨节益坚强。排却众阴邪，然后立正阳。修之不辍体，庶炁云雨行。"得了先天一炁，表里俱应，脸色润泽、骨节坚强。排除了体内的阴浊邪气，从此充满正气。

"淫淫若春泽，液液象解冰，从头流达足，究竟复上升，往来洞无极，怫怫被容中。"玄关开合日夜不停，周身太和元炁流转，如云行雨施，绵绵不断，像春水浸润，像冰的融化，从头到脚、彻头彻尾，往来于空洞无涯之中，让身体融在真气中。

"反者道之验，弱者德之柄。耕耘宿秽污，细微得调畅。浊者清之路，昏久则昭明。"返老还童是得光的验证，也是让弱者得健康的重要方法。能够清除体内积累的阴浊之气，使脉络能够变得协调通畅。污浊是通向清净的道路，昏暗得太久就会显示光明。

关键三宝章讲光不从耳、目、口漏出，周身太和元炁流转，会日夜不停。

傍门无功章第二十三

世人好小术，不审道深浅。弃正从邪径，裕速阏不通。犹盲不任杖，聋者听宫商，没水捕雉兔，登山索鱼龙，植麦裕获黍，运规以求方。竭力劳精神，终年无见功。裕知伏食法，事约而不繁。

"世人好小术，不审道深浅。弃正从邪径，裕速阏不通。""阏"是堵塞的意思。世人喜欢见效快的小法术，却不知大道的深浅。放弃正路，走上了邪道，想快却不知路已经被堵死了。

"犹盲不任杖，聋者听宫商，没水捕雉兔，登山索鱼龙，植麦裕获黍，运规以求方。竭力劳精神，终年无见功。裕知伏食法，事约而不繁。"就像盲人不依赖拐杖，聋人听音乐，钻到水中去捕捉山鸡，跑到山上去搜索鱼龙，种下麦子却妄想收获稻谷，用圆规来绘制方形，竭尽努力到老，劳费精神到终，一辈子也没搞明白金丹的义趣。服食大药简单、自然，凌晨3点到5点，正常人自然就会起电。能够凝住神，光就能长，不需要任何额外的烦琐操作。

傍门无功章讲假的是盲修瞎炼。

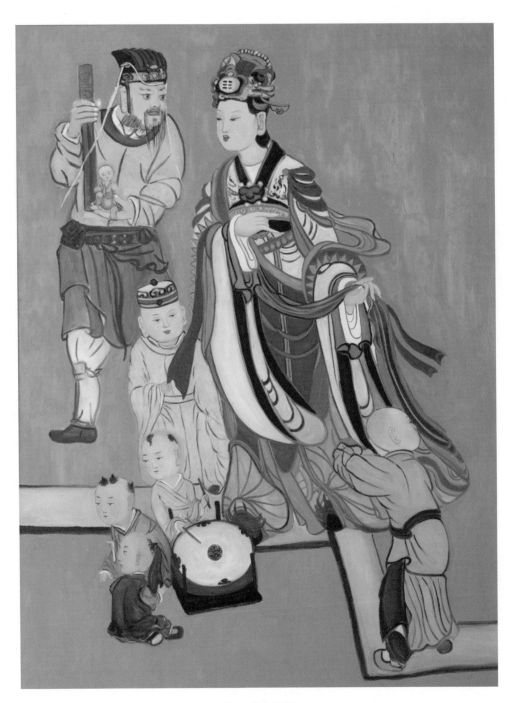

《西王母育圣婴》

流珠金华章第二十四

太阳流珠，常欲去人。卒得金华，转而相因，化为白液，凝而至坚。金华先唱，有倾之间，解化为水，马齿阑玗，阳乃往和，情性自然。迫促时阴，拘蓄禁门，慈母养育，孝子报恩，严父施令，教敕子孙。五行错王，相据以生，火性销金，金伐木荣。三五与一，天地至精，可以口诀，难以书传。子当右转，午乃东旋，卯酉界隔，主客二名。龙呼于虎，虎吸龙精，两相饮食，具相贪便，遂相衔咽，咀嚼相吞。荧惑守西，太白经天？杀气所临，何有不倾。狸犬守鼠，鸟雀畏鹞，各有其功，何敢有声。

"太阳流珠，常欲去人。卒得金华，转而相因，化为白液，凝而至坚。"真汞像流动的水银，如太阳流珠，难以停留，但见真铅就凝定。真阴得真阳制伏，转而相因，以情归性，化为白液，一炁混合，凝而至坚。

"金华先唱，有倾之间，解化为水，马齿阑玗，阳乃往和，情性自然。"真阳、真金在先，顷刻之间冲上头化为真水。"马齿"比喻其坚白，"阑玗"比喻其温柔。坎中之金液上升，离中之木液下降而和之，一东一西，归于黄庭，木性爱金，金情恋木，一唱一和，出于性情之自然。性情自然，方能凝而至坚。

"迫促时阴，拘蓄禁门，慈母养育，孝子报恩，严父施令，教敕子孙。"这时最怕阴气，得了高能量，人心一动就是阴气，护持正气，须臾不离。真种已经归入坤腹，全赖中宫坤母为之温养哺育。开始是母照顾子，电化光，光全靠电来养，电就是母、是坤、是土，是母养子光。后来是子报母恩，孝子报恩，子恋母，刻刻不离。慈母比喻文火温养，严父比喻武火提防。

"五行错王，相据以生，火性销金，金伐木荣。"五行之气交错，在相克中相生，火销熔了金，金克伐了木。五行反生反克，以克为生。"火性销金"，火克金，反而让光出来了。"金伐木荣"，金克木，木反而变得更好了，这就是五行的反生反克。（如图22）

"三五与一，天地至精，可以口诀，难以书传。"真阴、真阳、真土三家相见，同时就五行合一，一就是光，先天一炁在天地为至精，此中顺逆生克之天机，可以口诀，难以书传也。

"子当右转，午乃东旋，卯酉界隔，主客二名。"一阳来复之时，逢子自左向右转，以至于巳，六阳全。午为六阴之首，乃一阴来姤之时，遇午自西向东旋，以至于亥，六阴纯。卯为木在东，为主司生气；酉为金在西，为客司杀气。

"龙呼于虎，虎吸龙精，两相饮食，具相贪便，遂相衔咽，咀嚼相吞。"木性柔，像龙；金情刚，像虎。有杀有生，有主有客，生杀并用，主客相当，性情一气，如龙呼于虎，虎吸龙精，两相饮食，具相贪恋，衔咽咀嚼，自然结丹。

"荧惑守西，太白经天，杀炁所临，何有不倾。""荧惑"是火星，火入西方金乡，是荧惑守西之象；"太白"

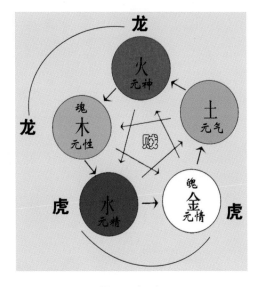

图22　真五行

是金星，金乘东方木位，是太白经天之象。火克金，金克木，右旋一周，无所不克。

"狸犬守鼠，鸟雀畏鹞，各有其功，何敢有声。"全凭客观规律，都是自动降服。就像猫捉老鼠、鸟怕苍鹰一样，一物降一物，见到就跑不了了，哪儿还敢出声呢。

流珠金华章讲真阳、真阴、真龙、真虎，真五行是心光诞生的自然过程。

《西王母度周穆王》

如审遭逢章第二十五

不得其理，难以妄言。竭殚家产，妻子饥贫，自古及今，好者亿人，汔不谐遇，稀有能成。广求名药，与道乖殊。如审遭逢，睹其端绪。以类相况，揆物终始。五行相克，更为父母。母含滋液，父主秉与，凝精流形，金石不朽。审专不泄，得为成道。立竿见影，呼谷传响。岂不灵哉！天地至象。若以野葛一寸，巴豆一两，如喉辄僵，不得俯仰。当此之时，周文揲蓍，孔子占象，扁鹊操针，巫咸扣鼓，安能令苏，复起驰走？

"不得其理，难以妄言。竭殚家产，妻子饥贫，自古及今，好者亿人，汔不谐遇，稀有能成。广求名药，与道乖殊。"不知道其中的道理，不要妄言。耗尽了家产，牺牲了妻儿的幸福，遇不到真师，难以成功。从古至今，好道的人不下亿万，却很少有人找到真师，很少有人成功。外求草药，背道而驰。

"如审遭逢，睹其端绪。以类相况，揆物终始。"如果详细分析，考察开端，用同类物质相对应，就能推测出完整的过程。

"五行相克，更为父母。母含滋液，父主秉与，凝精流形，金石不朽。"五行本来是相克的，现在反过来相生，变成了父母，就是以克为生了。坤母滋育，乾父播种，有精有形，内丹就会命体长存，金石不朽。五行之气相互克制，火水坎离变更为父母乾、坤两卦，母蕴含滋液以养育，父的作用是主持和施予。凝聚精华成为光影人，就能像金石一样不朽。

"审专不泄，得为成道。立竿见影，呼谷传响。岂不灵哉！天地至象。"审慎专注于光凝聚不外泄，得了光就是得了道。效果立竿见影，就像在山谷呼喊，很快就能听到回音。这难道不是很灵验吗？自然之光是宇宙之精华。

"若以野葛一寸，巴豆一两，如喉辄僵，不得俯仰。当此之时，周文揲蓍，孔子占象，扁鹊操针，巫咸扣鼓，安能令苏，复起驰走？"如果将野葛、巴豆等物吃下去，立刻就会身体僵硬而亡，即使让周文王卜卦，让孔子来判断吉凶，让扁鹊来医治，让巫医来敲鼓唤命，也不能使人复苏，令其生还。假的是要命的，所以必须要认清真假。

如审遭逢章讲真的立竿见影，假的要人性命。

姹女黄芽章第二十六

　　河上姹女，灵而最神，得火则飞，不见埃尘，鬼隐龙匿，莫知所存。将欲制之，黄芽为根。物为阴阳，违天背元，牝鸡自卵，其雏不全。夫何故乎？配合未连，三五不交，刚柔离分。施化之精，天地自然，火动炎上，水流润下，非有师导，使其然也。资使统正，不可复改。观夫雌雄交媾之时，刚柔相结而不可解，得其节符，非有工巧以制御之。男生而伏，女偃其躯，秉乎胞胎，受炁之初，非徒生时，着而见之，及其死也，亦复效之，此非父母教令使然。本在交媾，定置始先。

　　"河上姹女，灵而最神，得火则飞，不见埃尘，鬼隐龙匿，莫知所存。将欲制之，黄芽为根。"元神通天彻地，无所不能，但是最怕人心的燥火，遇到火就不见了，就像真龙隐匿，无法寻到。想要制伏元神，唯有元精的信息黄芽。

　　"物为阴阳，违天背元，牝鸡自卵，其雏不全。夫何故乎？配合未连，三五不交，刚柔离分。"世间的事物，失去阴阳就会违背天道，背离元始，如同母鸡自孵自生的蛋，没有公鸡的参与是不行的。"三五"讲的是水、火、土，阴阳不配合，五行不化，三家不合，刚柔就会分离开来。

　　"施化之精，天地自然，火动炎上，水流润下，非有师导，使其然也。资使统正，不可复改。"如同火烧起来之后其热必然向上，水流动后其必然向下运动，这些都不需要师父的引导，只需要顺其自然即可。水润火炎之天性，本于自然，不可改变。

"观夫雌雄交媾之时，刚柔相结而不可解，得其节符，非有工巧以制御之。"狗交配的时候拿棍子打都打不开，这种阴阳合一的状态，哪里需要人为呢？自然本就是这样的。

"男生而伏，女偃其躯，秉乎胞胎，受炁之初，非徒生时，着而见之，及其死也，亦复效之，此非父母教令使然。本在交媾，定置始先。"雌雄交媾有自然的规律，男子生下来身体是俯卧的，女子生下来身体是仰卧的。从母亲胞胎中，生身受炁之初，一刚一柔，体质已定，不仅是出生，死亡也是如此。看水里溺亡的人，男性是俯卧的，女性是仰卧的。这不是父母教的，是源于生命的初始。父母交媾之时，刚者居上，即乾道成男之象；柔者居下，即坤道成女之象。所以先天一炁不是人为的，是本来的自然属性。

姹女黄芽章讲心光的形成与发展都是出于自然。

男女相须章第二十七

坎男为月，离女为日，日以施德，月以舒光，月受日化，体不污伤。日失其契，阴侵其明，晦朔薄蚀，掩冒相倾，日消其形，阴凌灾生。男女相胥，含土以滋，雌雄错杂，以类相求。金化为水，水性周章，火化为土，水不得行。男动外施，女静内藏，溢度过节，为女所拘。魄以钤魂，不得淫奢。不寒不暑，进退和时，各得其和，俱吐政符。

"坎男为月，离女为日，日以施德，月以舒光，月受日化，体不污伤。"坎阳为月，离阴为日。真阳是阴中之阳，真阴是阳中之阴。太阳施德，为心炁下降，月以舒光，为肾炁上升，借月亮反射太阳光，比喻心肾和合，同炁相求。真阴下降，真阳之炁自会收敛，坚固其体。

"日失其契，阴侵其明，晦朔薄蚀，掩冒相倾，日消其形，阴凌灾生。"阴阳二炁不能契合，会出现日食。日食是因为月亮运动到了地球与太阳之间，地球上的人看不见太阳光，是因为月亮侵蚀了太阳光。

"男女相胥，含土以滋，雌雄错杂，以类相求。"男女相吸，是因为有交感之气，日月交光、同类相求，都是同样的原理。

"金化为水，水性周章，火化为土，水不得行。"金生水，元精的云炁易散，火生土，土能克水，真阴、真阳相合，凝为大丹。

"男动外施，女静内藏，溢度过节，为女所拘。"男阳动外施，女阴静内藏。

阳如果超越常规且没有节制，就会被阴束缚。阴魄锁阳魂，不得过分。

"魄以铃魂，不得淫奢。不寒不暑，进退和时，各得其和，俱吐政符。"魂魄是一对阴阳，阴和阳之间是阳动阴随，阳是大，阴是小，小的随着大的，是这样的关系。如果反过来，阴为大，阳为小，就颠倒了。这是一个自然的度，不用想，自然就是这样。人因为想，因为干涉，破坏了自然的度。阴阳共同得先天一炁，是一个共同的成就，各得其和，双方受益，共同成长，而不是消灭一个、消耗一个。

男女相须章讲阴阳是和谐一体的一，不是表面上的二。

四者混沌章第二十八

丹砂木精，得金乃并，金水合处，木火为侣。四者混沌，列为龙虎，龙阳数奇，虎阴数偶。肝青为父，肺白为母，肾黑为子，离赤为女，脾黄为祖，子五为始。三物一家，都归戊己。

"丹砂木精，得金乃并，金水合处，木火为侣。"朱砂是木的精华，木生火，火中含了木的精华。木遇金就合并，叫金木交并。金水合一时，木火合一，木火为伴侣。

"四者混沌，列为龙虎，龙阳数奇，虎阴数偶。"金、木、水、火混合在一起，列为龙（元神）、虎（元精），龙阳是奇数、虎阴为偶数。

"肝青为父，肺白为母，肾黑为子，离赤为女，脾黄为祖，子五为始。"肝色青为父，肺色白为母，肾色黑为子，心色红为女，脾色黄为祖气，子是五行的开始。

"三物一家，都归戊己。"木火、金水、土三家都归于土。真阴、真阳和土，三家相见，包含了五行，五行就是一炁。

四者混沌章讲心光是四象、五行合一的产物。

《西王母度汉武帝》

卯酉刑德章第二十九

刚柔迭兴，更历分布。龙西虎东，建纬卯酉，刑德并会，相见欢喜，刑主伏杀，德主生起。二月榆落，魁临于卯，八月麦生，天罡据酉。子南午北，互为纲纪。一九之数，终而复始。含元虚危，播精于子。

"刚柔迭兴，更历分布。龙西虎东，建纬卯酉，刑德并会，相见欢喜，刑主伏杀，德主生起。"刚柔交替兴起，分布的方位变了。震木为龙，本居东方卯位，兑金为虎，本居西方酉位，因为分布的变化，龙反在酉，虎反在卯，东西为南北之纬，叫建纬卯酉。龙秉东方生气，德之象；当龙转为西，则木气化而从金，德反为刑。虎秉西方杀气，刑之象也；当虎转为东，金气化而从木，刑反为德。金木交并，只在一刻之中，若明反复之机，自然害里生恩，宾主欢会。洗心沐浴，只在片时，自然刑转为德，杀转为生，两物之性情合并为一。

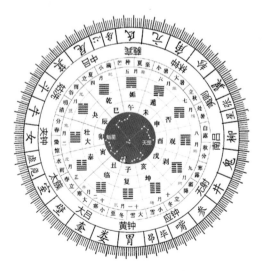

图23

"二月榆落，魁临于卯，八月麦生，天罡据酉。子南午北，互为纲纪。一九之数，终而复始。含元虚危，播精于子。"当春天的时候，左图中的魁星就在卯位，到八月麦收时，天罡星居酉，在西边。二月榆籽落的时候，北斗指向东，八月荞麦生籽，北斗指向了西，由子向南，由午向北，互为纲领。从子到午这条线，在中轴线上互为纲领，像人的中脉一样，阴阳在中脉中合一。九为离，一为坎，图中上面是离卦，下面是坎卦。取坎填离，终而复始，如环运行。元精发动取坎填离这件事没停过，永远不停，永远在人体里转，开了玄关，一天二十四小时都在阴阳交媾。虚无的先天一炁能量总是在子位，从子位上去，在里面循环。（如图 23）

卯酉刑德章讲因为反生反克，一切阴气皆转阳，心光得以长成。

君子好逑章第三十

　　关关雎鸠，在河之洲，窈窕淑女，君子好逑。雄不独处，雌不孤居。玄武龟蛇，蟠虬相扶，以明牝牡，意当相须。假使二女共室，颜色甚姝，苏秦通言，张仪合媒，发辩利舌，奋舒美辞，推心调谐，合为夫妻，弊发腐齿，终不相知。若药物非种，名类不同，分刻参差，失其纲纪，虽黄帝临炉，太公执火，八公捣炼，淮南调合，立宇崇坛，玉为阶陛，麟脯凤脂，把籍长跪，祷祝神祇，请哀诸鬼，沐浴斋戒，冀有所望，亦犹和胶补釜，以硇涂疮，去冷加冰，除热用汤，飞龟舞蛇，愈见乖张。

　　"关关雎鸠，在河之洲，窈窕淑女，君子好逑。雄不独处，雌不孤居。"鸣叫的水鸟在河边，美女会被君子追求。相互需求是生存之理，牝牡的存在是自然法则。

　　"玄武龟蛇，蟠虬相扶，以明牝牡，意当相须。"玄武龟蛇，蟠曲如虬龙相互扶持，阴阳互相吸引、互相依存。明白了阴阳的自然之理，就要配合，顺其自然。

　　"假使二女共室，颜色甚姝，苏秦通言，张仪合媒，发辩利舌，奋舒美辞，推心调谐，合为夫妻，弊发腐齿，终不相知。"如果两个姑娘一起居住，哪怕她们的容颜再漂亮，让辩才第一的苏秦去说，让张仪去做媒人，即使发挥他们最大的聪明才智，说出世界上最动听的语言，极力撮合，使两位姑娘结成夫妻，就是到头发掉光、牙齿脱落的那一天，也终究不能使她们相亲相爱，生儿育女。

"若药物非种，名类不同，分刻参差，失其纲纪，虽黄帝临炉，太公执火，八公捣炼，淮南调合，立宇崇坛，玉为阶陛，麟脯凤脂，把籍长跪，祷祝神祇，请哀诸鬼，沐浴斋戒，冀有所望，亦犹和胶补釜，以硇涂疮，去冷加冰，除热用汤，飞龟舞蛇，愈见乖张。"炼丹的药物不是真种子，不是先天的真阴真阳，剂量配比参差不均，失去了修炼原则。即使将黄帝请到炉前，让太乙真人亲自执掌火候，让八公为其捣合炼药，让淮南王屈驾调合，设祭立坛，用玉石作台阶，将麒麟和凤凰的肉干作为供品，严格按传统的方法祈祷神灵，央求鬼神来协助，沐浴斋戒，抱着很大的希望炼成金丹，那就像调和胶水去补锅，用卤水去治疗疮疖，欲除冷反而用冰，欲降温却用滚汤，这个做法无异于让龟飞蛇舞，都是一些不合情理的事情。

君子好逑章讲违背自然的努力都是徒劳。

下卷
圣贤伏炼章第三十一

惟昔圣贤，怀玄抱真，伏炼九鼎，化迹隐沦，含精养神，通德三光，津液腠理，筋骨致坚，众邪辟除，正炁长存，积累长久，变形而仙。忧悯后生，好道之伦，随傍风采，指画古文，着为图集，开示后昆，露见枝条，隐藏本根，托号诸名，覆谬众文，学者得之，韫椟终身。子继父业，孙踵祖先，传世迷惑，竟无见闻，随使宦者不仕，农夫失耘，商人弃货，志士家贫。吾甚伤之，定录此文，字约易思，事省不繁，披列其条，核实可观，分两有数，因而相循，故为乱辞，孔窍其门，智者审思，用意参焉。

"惟昔圣贤，怀玄抱真，伏炼九鼎，化迹隐沦，含精养神，通德三光，津液腠理，筋骨致坚，众邪辟除，正炁长存，积累长久，变形而仙。"古代的圣人怀揣着真一、先天一炁，炼成了纯阳的九转金丹，他们将自己的形迹化去，如蛟龙隐藏深潭般不露痕迹，功成身退。圣人饱含天地的精华，得了自然之光的高能量，已经能像日、月、星三光一样普照大地。其精华溢于皮肤，如鹤发童颜，肾气充盈，筋骨至坚。一身正气，长期积累，变形成仙。

"忧悯后生，好道之伦，随傍风采，指画古文，着为图集，开示后昆，露见枝条，隐藏本根，托号诸名，覆谬众文，学者得之，韫椟终身。"有成就的前辈怜悯后来人，崇尚名人，没有实修，以古文为依据传授假道。古人的描写只是表象，根本是被隐藏起来的。指月之手，以假当真。求学的人得到了这类书籍，还将其珍藏在匣子中以伴终身的修炼。

"子继父业，孙踵祖先，传世迷惑，竟无见闻，随使宦者不仕，农夫失耘，商人弃货，志士家贫。"父志未酬，子继父业，孙子则仰观祖宗，将其视作传家宝流传下来，所带来的弊端迷惑了众人，世人却丝毫看不到这一点。当官的不做官了，务农的放弃了耕耘，商人丢下生意不做，都去按图索骥地求仙，结果使得大多数有志修真之人家贫如洗。

"吾甚伤之，定录此文，字约易思，事省不繁，披列其条，核实可观，分两有数，因而相循，故为乱辞，孔窍其门，智者审思，用意参焉。"我对假的、害人的现状很伤感，用很简单的文字把它们写出来，分别列出，如果你能悟出来，就能有验证，有验证的才是真的。作者之后又写了一首诗，把前面所讲的内容总结了一下，自己谦虚叫乱词，虽然比前面的诗词更简短，但如果你能参悟，破解其中的玄机并不是一件难事，在此之后你就会知道我所说的字字是真，就是这意思。

圣贤伏炼章讲圣人说的话句句是真。

法象成功章第三十二

　　法象莫大乎天地兮，玄沟数万里。河鼓临星纪兮，人民皆惊骇。晷影妄前却兮，九年被凶咎。皇上览视之兮，王者退自改。关键有低昂兮，害炁遂奔走。江淮之枯竭兮，水流注于海。天地之雌雄兮，徘徊子与午。寅申阴阳祖兮，出入复终始。循斗而招摇兮，执衡定元纪。升熬于甑山兮，炎火张设下。白虎唱导前兮，苍液和于后。朱雀翱翔戏兮，飞扬色五彩；遭遇罗网施兮，压之不得举；嗷嗷声甚悲兮，婴儿之慕母；颠倒就汤镬兮，摧折伤毛羽。漏刻未过半兮，鱼鳞狃鬣起。五色象炫耀兮，变化无常主。沸滴鼎沸驰兮，暴涌不休止。接连重叠累兮，犬牙相错距。形似仲冬冰兮，珊玕吐钟乳。崔嵬而杂厕兮，交积相支柱。阴阳得其配兮，淡薄而相守。青龙处房六兮，春花震东卯。白虎在昂七兮，秋芒兑西酉。朱雀在张二兮，正阳杂南午。三者具来朝兮，家属为亲侣。本之但二物兮，末而为三五。三五并与一兮，都集归二所。治之如上科兮，日数亦取甫。先白而后黄兮，赤黑达表里。名曰第一鼎兮，食如大黍米。自然之所为兮，非有邪伪道。山泽炁相蒸兮，兴云而为雨，泥竭遂成尘兮，火灭化为土。若糵染为黄兮，似蓝成绿组。皮革煮成胶兮，麹糵化为酒。同类易施工兮，非种难为巧。惟斯之妙术兮，审谛不诳语。传于亿世后兮，昭然自可考。焕若星经汉兮，昺如水宗海。思之务令熟兮，反覆视上下。千周粲彬彬兮，万遍将可睹。神明或告人兮，魂灵乍自悟。探端索其绪兮，必得其门户，天道无适莫兮，常传于贤者。

"法象莫大乎天地兮，玄沟数万里。河鼓临星纪兮，人民皆惊骇。晷影妄前却兮，九年被凶咎。"光的法象，没有比天地更大的了，天关地轴相距八万四千里，中间是太极玄沟。河鼓星来到星纪星的位置，水害将兴，人民都很惊骇。日影冒进，有九年的灾害。

"皇上览视之兮，王者退自改。关键有低昂兮，害炁遂奔走。江淮之枯竭兮，水流注于海。"元神发现了问题，识神就会改正。关键有自然之光的起伏，周身阴气自然剥落无余。真气在身上汹涌澎湃地冲撞，潮涌潮落，像无形的通道，归元水注于海，百脉以归元，自然炁归元海。

"天地之雌雄兮，徘徊子与午。寅申阴阳祖兮，出入复终始。"天地的阴阳，在子午徘徊。子午指坎卦、离卦，是水火。凌晨 3 点到 5 点是寅时，寅时生人；下午 5 点以后是申时。阳火子时萌发，寅时生出。阴水午时萌发，申时真水出。可见寅申是阴阳之祖乡、造化出入之门户。天心不动，斗杓指于子午，水火为之徘徊；指于寅申，金木于是交并。

"循斗而招摇兮，执衡定元纪。升熬于甑山兮，炎火张设下。"招摇循斗而动，以定周天之纲纪。关键是真阳能量，就像蒸汽一样蒸上来。

"白虎导唱前兮，苍液和于后。朱雀翱翔戏兮，飞扬色五彩；遭遇罗网施兮，压之不得举；嗷嗷声甚悲兮，婴儿之慕母；颠倒就汤镬兮，摧折伤毛羽。漏刻未过半兮，鱼鳞狎鬣起。五色象炫耀兮，变化无常主。"白虎元精在前，苍龙木液在后，朱雀翱翔，飞扬着五色光。乾坤交媾之时，火从下升，水从上降，玄

图24

武擒定朱雀，互相钳制，抵死不放，就像遇到罗网扣住不能飞走。火本炎上之物，一时被水压住，其性情亟欲升腾，有如失母婴儿悲鸣哀慕，其声嗷嗷。火下水上，朱雀与玄武相吞，像是被扣在汤锅里，折了翅膀，凝定不动。金丹片刻可得，鸟毛、鱼翅、鱼鳞，就像马鬃一样竖起来了。真阳擒住真阴，会看到花色的光。鼎中既备五行之气，变化自生，如神龙行空，鳞动鬃扬，五色炫耀变化之象不可名状。（如图24）

"沸溔鼎沸驰兮，暴涌不休止。接连重叠累兮，犬牙相错距。"这个时候已经像开了锅一样，但是还不行，还要让其更加沸腾。重叠就是这个能量已经开了锅，很汹涌澎湃了，但还要再加把劲儿，还要再累积能量，相继熏蒸，直到火足气圆，鼎中真炁自然缊缊充满，若犬牙之相错。

图25

"形似仲冬冰兮，瓓玕吐钟乳。崔嵬而杂厕兮，交积相支柱。阴阳得其配兮，淡薄而相守。"交媾既毕，金鼎汤温，玉炉火散，一点落于黄庭，先液而后凝，渐凝渐结，凝而至坚，有如仲冬之冰，又如瓓玕石中迸出钟乳。高

低错落，互相渗透，彼此支撑。真阴真阳匹配无差，龙虎斗后，淡泊相守。（如图25）

"青龙处房六兮，春花震东卯。白虎在昂七兮，秋芒兑西酉。朱雀在张二兮，正阳杂南午。三者具来朝兮，家属为亲侣。"青龙在水中流出，时为春、卦为震、辰为卯、旺在卯，草木发而为华。白虎金精出自火，时为秋、卦为兑、辰为酉、旺在酉，谷实结而生芒。朱雀在南，南方张宿属火，二即火之生数，时为夏、卦为离、辰为午、火旺在午，能燔木而熔金。交会之时，一东一西一南，具来朝拱天心北极，三家会成一家，相克而相生。本是真阴真阳相配，变成四象的木与火为侣，金与水为朋，并中央之土便成五行。

"本之但二物兮，末而为三五。三五并与一兮，都集归二所。"一分为二，二分为三，三分为五，是顺生；逆生，五返为三，三返为二，二返为一，一是先天一炁。

"治之如上科兮，日数亦取甫。先白而后黄兮，赤黑达表里。名曰第一鼎兮，食如大黍米。"五返一是可以衡量的，是有一个规则的。光从白色变成金色，水火既济，黑、红为表里。产光的天下第一鼎，光点像小米粒。

"自然之所为兮，非有邪伪道。山泽炁相蒸兮，兴云而为雨，泥竭遂成尘兮，火灭化为土。"这都是出于自然，不是有为法的假道。二气交感熏蒸，化成真液，好像山泽通气，自然蒸而为云，兴云而为雨。泥干了变为灰尘，火灭了化为尘土。

"若蘖染为黄兮，似蓝成绿组。皮革煮成胶兮，麴蘖化为酒。同类易施工兮，非种难为巧。"黄蘖用来染物，自然变成了黄色；蓼蓝染丝织品，自然变成了蓝色。皮革能够熬成胶，酒曲可以酿出酒。同类事物的变化和改变是一件很自

然的事情。

"惟斯之妙术兮，审谛不诳语。传于亿世后兮，昭然自可考。焕若星经汉兮，昺如水宗海。"自然的妙道，是经过深思熟虑的，不敢浮夸。亿万年后，仍经得起考验。道是永恒的真理，像天上的星星一样灿烂，像百川归大海一样分明。

"思之务令熟兮，反覆视上下。千周粲彬彬兮，万遍将可睹。神明或告人兮，魂灵乍自悟。"自然的道理要熟悉，并且要反复阅读，融于己心。在实践中千遍万遍地读熟，其中所提示的真谛就会一目了然，读到神明相通，即会豁然开悟。熟即是元神，即可成真。

"探端索其绪兮，必得其门户，天道无适莫兮，常传于贤者。"搞清楚来龙去脉，就一定能入道，天道无亲，总是传于贤者。

法象成功章讲心光成长过程有法象的验证。

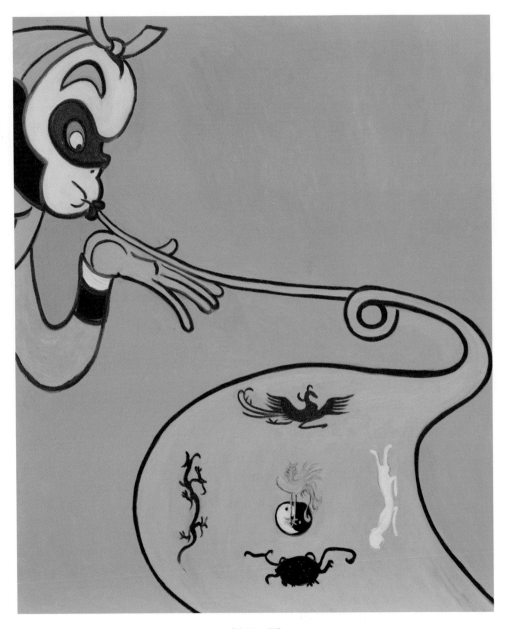

《先天一炁》

鼎器妙用章第三十三

圆三五，寸一分，口四八，两寸唇，长尺二，厚薄均。腹齐三，坐垂温。阴在上，阳下奔。首尾武，中间文。始七十，终三旬，二百六，善调均。阴火白，黄芽铅。两七聚，辅翼人。赡理脑，定玄升。子处中，得安存？来去游，不出门。渐成大，性情纯。却归一，还本原。善爱敬，如君臣。至一周，甚辛勤。密防护，莫迷昏。途路远，复幽玄。若达此，会乾坤。乃圭沾，净魄魂。得长生，居仙村。乐道者，寻其根。审五行，定铢分。谛思之，不须论。深藏守，莫传文。御白鹤，驾鳞龙，游太虚，谒仙君，录天图，号真人。

"圆三五，寸一分，口四八，两寸唇，长尺二，厚薄均。"东三南二合成一五，北一西四合成一五，中央戊己自成一五，合之而三五始圆，三五环绕同归中央一寸光。东、西、南、北四方如口，四正加四隅即八卦，应造化之四时八节。卯酉阴阳均衡如两片唇，子午从子到己为六阳，从午迄亥为六阴，刚柔不偏，寒暑合节，叫"长尺二，厚薄均"。（如图26）

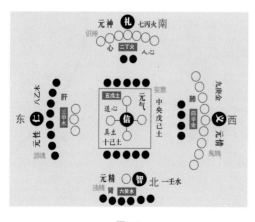

图26

"腹齐三，坐垂温。阴在上，阳下奔。首尾武，中间文。"水、火加土，三者汇聚在腹部，腹部发热。坎卦是阴，但是阴中藏阳，能量往上。离卦是阳中藏真阴，能量往下。首尾要管好心，强制性地管住。全赖中间真土为之调停，文火讲的是元神。

"始七十，终三旬，二百六，善调均。"中间文火占二百六十天，前面占七十天，后面占三十天。元神养丹，保持无知无识的状态。

"阴火白，黄芽铅。两七聚，辅翼人。赡理脑，定玄升。子处中，得安存？来去游，不出门。渐成大，性情纯。却归一，还本原。"心中阴火呈白雪，肾中阳火现黄芽。两火汇聚，辅佐心光。光上升到头，旋降黄庭，赤子安处，优游自在。圣婴来去自由，却不出天门。渐渐充满长大，情性纯真。归于一炁，返本还原。

"善爱敬，如君臣。至一周，甚辛勤。密防护，莫迷昏。途路远，复幽玄。若达此，会乾坤。乃圭沾，净魄魂。得长生，居仙村。乐道者，寻其根。"元神识神，如君臣互敬互爱。到了一个周期，元神非常辛苦。仔细防护，不要神昏，这是一个时间既长又看不见的过程。得药后，乾坤交媾。刀圭才沾入口，魂魄得到净化。得长生，神居太虚之境。乐道者，是悟道的根本。

"审五行，定铢分。谛思之，不须论。深藏守，莫传文。御白鹤，驾鳞龙，游太虚，谒仙君，录天图，号真人。"造化之妙不出五行，虽然无形，但光的数据分明。口说不行，要心领神会。但可默契，不得执着于文字。脱胎弃壳之时，或驾白鹤，或乘火龙，遨游太虚，觐见三清至尊，目睹天宫景象，而有真人之号！

鼎器妙用章讲人体不过是心光的炼丹炉。

补塞遗脱章第三十四

参同契者，敷陈梗概，不能纯一，泛滥而说，纤微未备，阙略仿佛。今更撰录，补塞遗脱，润色幽深，钩援相逮，旨意等齐，所趋不悖，故复作此，命三相类，则大易之情性尽矣。

大易性情，各如其度。黄老用究，较而可御。炉火之事，真有所据。三道由一，俱出径路。枝茎华叶，果实垂布，正在根株，不失其素。诚心所言，审而不误。象彼仲冬节，竹木皆摧伤。佐阳诘贾旅，人君深自藏。象时顺节令，闭口不用谈。天道其浩广，太玄无形容，虚寂不可睹，匡廓以消亡。谬误失事绪，言还自败伤。别序斯四象，以晓后生盲。

"参同契者，敷陈梗概，不能纯一，泛滥而说，纤微未备，阙略仿佛。"心光和自然之光的契合，这个问题不能都讲，细微的地方不能讲，只能把大概意思说一说。

"今更撰录，补塞遗脱，润色幽深，钩援相逮，旨意等齐，所趋不悖，故复作此，命三相类，则大易之情性尽矣。"今天增加这一部分，弥补遗漏。将深奥的地方仔细润色，使内容连贯，通有入无，力争使无形的一面能够同步。其宗旨与原作没有相违背之处，因此写录此文，命名为三相类。

"大易性情，各如其度。黄老用究，较而可御。炉火之事，真有所据。三道由一，俱出径路。枝茎华叶，果实垂布，正在根株，不失其素。诚心所言，审而不误。"易经门派多，各说各的理。但是黄老这个道是简单的，是自然大道，是比较能够驾驭的。炉鼎、药物、火候，这三样东西都是先天一炁所化生。枝茎华叶，果实垂布，因为根深蒂固，有化生万物的先天一炁。最朴素、最简单的初心之光，是发自内心的忠言，不会误人子弟。

"象彼仲冬节，竹木皆摧伤。佐阳诘贾旅，人君深自藏。象时顺节令，闭口不用谈。"像冬天的时候草木都凋零了，追问阳到哪里去了，光好像藏起来了。时令用象告诉你了，闭口不用谈。

"天道其浩广，太玄无形容，虚寂不可睹，匡廓以消亡。谬误失事绪，言还自败伤。别序斯四象，以晓后生盲。"天道浩荡，先天一炁无法形容。无乾坤门户，无坎离匡廓，寂灭一片太虚，是为未生以前本来面目。讲乾、坤、坎、离四卦，是为了给后人指路。

补塞遗脱章讲黄老的自然大道很简单，就是讲人的心光。

自叙启后章第三十五

会稽鄙夫，幽谷朽生，挟怀朴素，不乐权荣，栖迟僻陋，忽略利名，执守恬淡，希时安宁，晏然闲居，乃撰斯文。歌叙大易，三圣遗言，察其旨趣，一统共论。务在顺理，宣耀精神。神化流通，四海和平。表以为历，万世可循。序以御政，行之不繁，引内养性，黄老自然，含德之厚，归根返元。近在我心，不离己身，抱一毋舍，可以长存。配以伏食，雄雌设陈。挺除武都，八石弃捐。审用成物，世俗所珍。罗列三条，枝茎相连。同出异名，皆由一门。非徒累句，谐偶斯文，殆有其真，砾硌可观。使予敷伪，却被赘愆。命参同契，微览其端，辞寡意大，后嗣宜尊。委时去害，依托丘山。循游寥廓，与鬼为邻。化形而仙，沦寂无声。百世而下，遨游人间。敷陈羽翮，东西南倾。汤遭厄际，水旱隔并。柯叶萎黄，失其华荣。吉人相乘负，安稳可长生。

参同契者，辞隐而道大，言微而旨深。列五帝以建业，配三皇而立政。若君臣差殊，上下无准，序以为政，不致太平。服食其法，未能长生。学以养性，又不延年。至于剖析阴阳，合其铢两，日月弦望，八卦成象，男女施化，刚柔动静，米盐分判。以易为证，用意健矣。故立为法，以传后贤。推晓大象，必得长生。强己益身，为此道者，重加意焉。

"会稽鄙夫，幽谷朽生，挟怀朴素，不乐权荣，栖迟僻陋，忽略利名，执守恬淡，希时安宁，晏然闲居，乃撰斯文。歌叙大易，三圣遗言，察其旨趣，一统共论。勿在顺理，宣耀精神。神化流通，四海和平。表以为历，万世可循。序以御政，行之不繁，引内养性，黄老自然，含德之厚，归根返元。"在会稽隐居的鄙夫，好抱朴怀素，不好结交权贵，居住简陋，远离名利。过着恬淡的生活，安静地忘了时间，于是写就此书。歌颂叙述大易，对"三圣"的遗训，观察其中的意趣，概括起来，不出坎离二用，不仅疏理其理论，还要弘扬其精神。心光与自然之光沟通，人和环境都能安宁。把心光验证的经历写出来，后世可以遵循。依次写出来，过程其实很简单。向内养性，黄老的自然之道、德一之光浑厚了，可以归根，返本还元。

"近在我心，不离己身，抱一毋舍，可以长存。配以伏食，雄雌设陈。挺除武都，八石弃捐。审用成物，世俗所珍。罗列三条，枝茎相连。同出异名，皆由一门。非徒累句，谐偶斯文，殆有其真，砺砺可观。"近在我的心光，心光不离我身，身心抱一，定能长生。身上有光流动叫伏食，身上总是有电叫雌雄设陈，把那些有形的都抛弃，将世俗所珍贵的人参、鹿茸等都放下。《参同契》内容分为三部分，第一是《大易》的原理，第二是《火记》的原理，第三是《龙虎经》的原理，三部分内容根茎相连，同出一门，名称不同，放在一起互相参照，共同契合大道，所以书名叫作《参同契》。内容前后连接，并不是文字堆砌，而是真情在内，可以明白看出来。

"使予敷伪，却被赘愆。命参同契，微览其端，辞寡意大，后嗣宜尊。"如果说假话骗人，敷衍荒谬之词，诳惑后学，一定会遭天谴的。叫《参同契》的原因，是三家相参同出一门，乃契无上至真妙道。仔细地研究，其辞虽寡，其道甚大，尽性至命之道尽出其中，后人应给予尊重。

"委时去害，依托丘山。循游寥廓，与鬼为邻。化形而仙，沦寂无声。百世而下，遨游人间。"为了避免伤害，就选择了隐居。光是无形的，去哪里都没有障碍，可以和所有生命的灵性沟通。光化身成形，也是静寂无声的。过了千年，金丹的光还在。

"敷陈羽翮，东西南倾。汤遭厄际，水旱隔并。柯叶萎黄，失其华荣。吉人相乘负，安稳可长生。"光的生命体可以瞬间即到。例如，从东到西，它就像飞鸟一样，瞬间就飞到那里去了。商汤的时候，水灾、旱灾都发生过，但是光就不受影响。春、夏、秋、冬，树叶绿了又黄了，从生到死，对光的生命体也没有影响。吉人自有天佑，可以很安稳地过日子。

"参同契者，辞隐而道大，言微而旨深。列五帝以建业，配三皇而立政。"《参同契》这部书，虽文辞隐晦，但承载的是大道，语言细微、意旨深奥。其功绩可名列五帝建业，匹配三皇立权。

"若君臣差殊，上下无准，序以为政，不致太平。服食其法，未能长生。学以养性，又不延年。"像君臣悬殊的差别，上下没有准绳，混乱无序，就无法太平。采用其中的方法，也不能获得长生。学道是为了养本性，方法不对就不能延年。

"至于剖析阴阳，合其铢两，日月弦望，八卦成象，男女施化，刚柔动静，米盐分判。以易为证，用意健矣。"书中剖析了阴阳之理，丹药多少、炼药时机、八卦类象、阳施阴化、刚柔动静，就像是对米与盐的判别。以易作为验证，其用不穷。

"故立为法，以传后贤。推晓大象，必得长生。强己益身，为此道者，重加意焉。"因此，将此书确立为养生的标准，传承给后来的贤良。推演易象明白其理，必能够获得长生。爱好长生的人，一定要深入研究。

自叙启后章讲心光长成后可以超越时空。

帛书《五行》讲解

德一之光即元神，神是光的意思。元神是自己的精、气、神合一之光，在宇宙德一之光的哺育下，成为一个超越的智慧之光。德一之光三位一体，元神是自己的智慧之光，还带着小我的习气。圣神是小我的痕迹完全清理干净，脱离了个人的狭隘和局限，着眼全局、为命运共同体而献身的大能量、大智慧。玉神是骨骼、血液等所有的物质体光化后形成的内丹，玉是指白玉一样的光。一个光因为阶段不同、功能不同，有三个名字，三者又是和谐一体的关系，条件都具备的人，这个光也需要十二年的自然演化和成长。需要哪些条件光才能达标，帛书《五行》像教科书一样，规定了一系列的标准。德一之光，在两千多年前大道盛行的时代，当时的圣人是怎么看的？帛书《五行》对五德的解释，和我们现在的理解完全不同。帛书《五行》所讲的五德就是元神，五就是一，这是帛书《五行》的主题。

第一章　真五行是德一

仁荆于内，谓之德之行；不荆于内，谓之行。知荆于内，谓之德之行；不荆于内，谓之行。义荆于内，谓之德之行；不荆于内，谓之行。礼荆于内，谓之德之行；不荆于内，谓之行。圣荆于内，谓之德之行，不荆于内，谓之行。德之行五，和谓之德。四行和，谓之善。善，人道也；德，天道也。

译文：荆通刑，刑法也。天生就有的仁，叫德的实行，仁德是带光的。后天努力的仁，叫仁的实行。天生就有的知、义、礼、圣，叫德的实行。后天努力的知、义、礼、圣，叫知、义、礼、圣的实行。德之行是仁、义、礼、知、圣和谐为一，一即德。仁、义、礼、知四象和谐叫善。善是人道，是人的魂光；是天道，是天的魂光。

仁、义、礼、知、圣五行合一是德。通过仁魂、义魄、礼神、知精、圣气，实现德一的运行。

释义："仁荆于内，谓之德之行，不荆于内，谓之行。"五行是仁、知、义、礼、圣。如果说荆于内，是你本来就有的，是先天带来的德一之光，先天的仁、知、义、礼、圣是带光的，仁德、知德、义德、礼德、圣德，是德之行。如果不是先天带来的，而是后天学的，则叫仁、知、义、礼、圣。带了一个德字，就是先天的、带光的，德是光。人的德一之光、一点灵光里包含了仁德、知德、义

德、礼德、圣德，先天真一里含有五德。孔子所说的仁、义、礼、智、信没有提到先天和后天的差别。帛书《五行》中提到五行的先天性，强调德一之光是五行的根源。德一里包括先天五行，直指根源。两者所站的角度是不一样的，帛书《五行》是站在先天的角度，在本质一上看五行；孔子是站在后天的角度。由此推断，帛书《五行》的作者应当早于战国时期。站在一点灵光、先天一炁的角度说话，立场不同，区别是很大的。

"德之行五，和谓之德。四行和，谓之善。善，人道也；德，天道也。"是讲这个五还是合一的，不要将它看成五，它是合在一起的。五德合一是天道，四德合一是人道，四德中缺一个圣，圣对应元气，气化光，光指圣人。五德本来就是一点灵光之中的，它们是合一的关系。从这个角度来看，就知道他讲的是元神，不是站在后天"五"的角度，而是站在先天"一"的角度讲的。

"善，人道也"，是讲东、西、南、北，心、肾、肝、肺这四象，如果四个合一是善，善是人道。善是人的魂，德是天光，天地浩然正气。四合一是人的魂光，是一个普通人的善魂。如果开了玄关，得了先天一炁的人是五德合一的，德是天光，人的光和天光是相通的。圣是老天的元气，是德一之光。在五行中属土，又是德一。人的肾气与老天的元炁相通，肾气是坎卦，在数为一。强调五就是一，是说通过人的肾气来长这个光。人道是局部，天道是整体。德超越了人道，又渗透在人道中。

五行合一是德，德和善，一个代表的是天，一个代表的是人。通过仁魂、义魄、礼神、知精、圣气，五行合一地体现天德的运行。德一之光通过具体的精、气、神、魂、魄来运行。五行是怎样合一的呢？元精一发动，精化气，气化光，一步到位，精、气、神就合一了。第二步把阴魄转阳，太极阴阳的阴魄转阳了，就剩纯阳了，魂魄就合一了。先在人体画一竖，精气神合一，再在人体画一横，东、西、南、北、中连为一体，一个圆圈，就是无极纯阳，德就是这个概念。

德一是光，通过五色光在体内运行，叫德之五行。

图1　德之五行

仁德代表的是元性，义德代表的是元情，知德代表的是元精，礼德代表的是元神，圣德代表的是元气。元神这个光是什么呢？看最外圈这个光代表元神。但是，这个光里包含着五色光。当你看到花光的时候，花包括了五色，元神的标准相是五色光捧着一个月亮，五色光和月亮合一叫元神，这个象就是元神的验证。一般人的五行是没有光的，更不可能有元神的光。所以，德一之光是通过五色光在体内运行的，叫德之五行。原来五脏是没有光的，现在五脏放出来五色光，五色光围绕着白色的光，这就是元神的形象。《黄庭经》记载"外应口舌吐五华"，"五华"就是五色光。（如图1）

刚才说："德之行五，和谓之德，四行和，谓之善。善，人道也；德，天道也。"普通的人是魂魄，三魂七魄。"善"指的就是人的魂，开玄关得了先天一炁后，人的五脏有光了，五色光就出来了。一圣神比喻德一能量，先天一炁进来了，所以五色就长光了。魄阴转阳，魂魄合

图2　四层面

119

一了。当然，魂魄合一还要五行合一，才是元神。最上方的元神和真我，代表的就是德，"德"是天道，是通天的大智慧。魂魄合一是灵魂的提升，这就是真正的铸魂工程，把魂魄提升为元神，就是铸魂，从一个小我，提升为大我，从一个小智慧，提升为客观整体的大智慧，这就是人道和天道。（如图2）

第二章　德的来源

君子毋中心之忧，则无中心之知，无中心之知，则无中心之说，无中心之说，则不安，不安则不乐，不乐则无德。君子无中心之忧，则无中心之圣，无中心之圣，则无中心之说，无中心之说，则不安，不安则不乐，不乐则无德。

译文：得道的君子没有为天下而忧虑的心，就没有来自本性的真知；没有来自本性的真知，就没有来自本性的快乐；没有来自本性的快乐，人心就会不安宁；心不安就没有来自本性的快乐，就是没有德。君子没有来自本性的忧虑，就没有本性的圣光。没有本性的圣光，就没有来自本性的喜悦。没有来自本性的喜悦，人心就会不安宁。心不安就没有快乐，没有来自本性的快乐，就是没有德。

中心是本性大我，德一能量是大我的能量。不见本性，感受不到德一能量给人的身心带来的大乐。

释义："君子无中心之忧，则无中心之知，无中心之知，则无中心之说，无中心之说，则不安，不安则不乐，不乐则无德。"这段话在讲德是怎么来的，讲德形成的过程。第一章讲什么是德，五德合一；第二章讲德是怎么来的。怎样才能得到这个德呢？"君子无中心之忧"的中心指什么？

一般人的性和命是分开的，是两个东西。得了先天一炁，性命就合一了。

合一的这部分就是中，阴阳混一谓之中，一点灵光、初心本性就是中。中心之忧，是人发自本心的、发自本能的、内心的那种忧虑，也就是说人的大愿。大愿就是为了社会、国家、整体，为共同利益，为人类命运共同体，为了这件大事发出的忧虑，

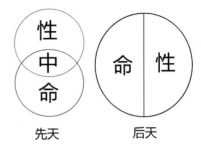

图3

就叫中心之忧。这不是计较小我的得失，它是一个为天下大事、为整体的需要而发出的忧虑。一般人的心都是围着自己转的，想的都是我要什么，我怎么样，我得什么，都是小我的心。不是我们所说的中心，中心是道心，道心想大事，为大事动心，为大事发愁，为大事操心受累，这个中心之忧就是德一的慈悲大爱。（如图3）

　　"无中心之知，则无中心之说"，"五德"带德字的就是带光的，带光的就是这个中心，知德就是智德。"无中心之知"指真知，知对应肾水，德指元精能量转化出来的觉知。"中心之说"指来自中心的喜悦。普通人的高兴，可能是遇到好事，得到好处，得到满足，是小我的高兴。创造能量得以发挥，为国家、为人类的幸福作了贡献，具有神圣使命完成后的大的喜悦。

　　人最大的问题就是要心安，心安魂就有着落了，不是一个飘着的、混乱慌张的状态。心不安，魂飘荡。魂是一个小光，它要凝定才能成长。飘荡不安，光总在消耗。心不安，失魂落魄，人就活不好，更别说把事情做好。"无心中之说，则不安"，讲的是没有神的喜悦，没有来自大我的喜悦，心神都不得安宁。见到本性，彻底了解生命中所有的问题，通透了就没有纠结了，都放下了，就很平静。

"不安则不乐，不乐则无德"，讲真知是从心里开心，那是神的乐，人的乐和神的乐不同，与那种发自本心、本体的乐完全不是一个级别，两者内容相距甚远，效果也差远了。人的乐没什么关系，没什么效果，不过是一团阴气。神的乐是纯阳能量，带着天地浩然正气，好多事儿就发生了。很多好事、成功、成就都是德能量化出来的，有没有德，用事实说话。

德是怎么有的？看这个过程，中心之忧、中心之知、中心之说、中心之安、中心之乐，这些都有了叫有德，没有就是无德。中心就是本性大道，发大愿，成大道，才能有德。首先得发大愿，成大我，为了共性整体作贡献，才能有德。没有大我的精神，就不会有德。其实，这是一个很朴素的道理，发大愿不是唱高调或是喊口号。首先要发大愿，没有大愿就没办法学道。发大愿还要行大愿，持之以恒地努力，为此付诸行动，创造出成绩。没有大愿，德长不出来。

"君子无中心之忧，则无中心之圣，无中心之圣，则无中心之说，无中心之说，则不安，不安则不乐，不乐则无德。"上一段写的是知，这一段写的是圣，过程是一样的。知对应元精，圣对应元气。知讲的是觉察、真知。人的元精化出光来，既是光，又是觉知、觉察、反思。不是大脑随便想一下，这需要一个能量的支持。圣对应元气，元气属土，四季后十八天都是土，这个土与其他四德是贯穿一体的。这个土也是老天的元气，所以叫圣。"圣"更趋于本质，就是元气化的光，它有很多妙用。

上一段讲了"知"，这一段讲了"圣"。第二章讲德的来源，德是怎么来的。《五行》第一章讲德的概念，《五行》第二章讲德的来源，讲忧、知、悦、安、乐、德，以及有德的过程。知是一元精，圣是五元气，过程一样，结果一样，强调的是五就是一，一就是五。元精、元气都是能量，是级别不同的能量，能量体和人

的精神体是一个整体，德就是这样长出来的。德的产生和人的心有关，是大我高尚的心，还是小我自私的心。拥有大我的心？就有天地浩然正气，人就有使不完的力量。人为什么生病？是因为心太小了，阴气重了。大我的心是纯阳能量，养大心就是养阳。

第三章　真五行与天合一

五行皆荆于内，时行之，谓之君子。士有志于君子道，谓之志士。

译文：五行都是先天的，与天时合一，能做到天衣无缝的是君子元神，与道携行。有志于得道、行道、成道，与大自然合为一的人，就叫志士。

成就大我，为人类和一切生命作出贡献，才叫立志。大愿大成。

释义："五行皆荆于内"是五德，"时行之"是与天时合一，"谓之君子"就是元神。"士有志于君子道，谓之志士"，讲的是立志学君子之道叫有志之士，成为君子元神才叫立志。"五行皆荆于内"，是讲仁、义、礼、知、圣都是内在先天的五德，德就是光，五德都是带德一之光的，就能"时行之"。自然发生什么事情，天衣无缝，完全吻合。本来天气预报说还要热四十天，我不相信。天气太热了没办法上课，但也不能一直拖着不讲，只能准备选日子讲课。结果上课的前一天下雨，讲课的时候气温是 26℃。德一就是天，就是大自然，就是这个光，如果你是五德合一的，就会与自然为一，天人合一，天衣无缝。能做到的就叫君子，同古书里所讲的君子一样，都指的是元神。

"士有志于君子道，谓之志士。"讲的是有志修天人合一的大道，有这个志向的叫志士。谁能懂天意呢？大脑思维不懂，德一之光懂。德一这个光，就是真我、大我，有大志才能有大成。有的人有很多麻烦，没有力量发不出大愿。有的人没什么麻烦，各方面福德很好，但是神昏，他没有目标，大志也立不出来。条

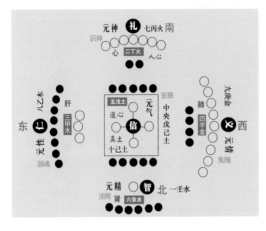

图4 《古河图》

件不错的人，肯定要立大志，那样才有价值！大志大成，就看人这个心了。

《古河图》就是《元神图》。（如图4）五德是合一的，总体上是个圆圈，这就是无极大道。《古河图》比《易经》出现得还早，孔传："伏牺王天下，龙马出河，遂则其文以画八卦，谓之《河图》。"河里出了一匹马，马的身上有这样一幅图，就叫《河图》。这幅图的诞生比帛书《五行》还早，有一万年的时间了，这说明中国古代的圣人，在那时就已经验证了五行合一是元神。天人合一是怎么合一的呢？五行合一，五行是一，不是五。五是一个整体，五行是一体的关系，在后天的角度看是五，在先天的角度看是一，就是人的元神的光。商周时期就有的太阳神鸟崇拜，就是指元神的五德合一的光。这个光是人天通道，有了这条通道，人就可以依靠天的浩然正气活着，整个国家的人民都能在纯阳能量的哺育下，过着神仙般的幸福生活。懂了这个光，就能读懂古老的出土文物，读懂五千年的华夏文明，这些都是被德一之光贯穿的。天人合一的这个文明叫天下观、整体观、天下一家。黄帝、尧、舜、禹、周文王、周公他们都验证出了天人合一之光，并且将它用于社会治理，带来了八百年的兴旺。大道流行的接力棒传到秦始皇，他在周朝的遗址建都，要继承周文王的大道理想，实现天下统一。到了汉武帝独尊儒术，主张修身、齐家、治国、平天下，用天人合一老天的浩然正气治理国家，才真正实现了秦始皇的理想，完成了政治、经济、文化全面的统一，建立了强大的中国，天下一家的大一统思想才真正实现了。唐朝的皇帝更是自觉地继承周文王的大道思想。汉唐盛世，又兴旺了近七百年。华夏文明、中国魂，从《古河图》就开始了，到后来的《易经》《道德经》，说的都是天人合一的大道。依靠天地浩然正气生活和治理社会，直到今天中华文明自始至终的核心，其实就是这幅《古河图》。元神图，天下观，大一统，德一大爱，大道精神。

大道至简至易，就是五行合一，人的元精是一，元气是五，一和五，元精元气一发动，天人合一的光就出来了，元神这个光和天地浩然正气就相通了。你有大志，有共性整体的大我精神，肉身的变化过程就开始。你懂了其中的奥秘，就会走上这条自然之路，你不用做什么，只是觉察就行了。大道至简至易，小道至密至繁，邪道至玄至晦。中华文化善择大道，故而轻松，故而长寿。

《古河图》代表着万年的古道，这就是人的元神，古人早就验证出了天人合一的力量。大道无门无派，门派都是小宗。所谓证大道，证的就是这幅《古河图》。

第四章　如何有德

善弗为无近，得弗之不成，知弗思不得。思不睛不察，思不长不得，思不轻不荆。不荆，则不安，不安则不乐，不乐则无德。

译文：不做好事接近不了善，不深入体验进不了德，没有觉察、反思得不到真知。思考不用神，就不能觉察，没有长期开悟的积累，也是无法把握道德的。思考得不直接，也不能上道。方法不对，人就会不安，不安就得不到快乐，没有极乐的感受就是无德。

释义：善是人道，如果不努力做善事，就不会有善的能量，善是行德、行善。不行善，拿什么证明善呢？"得弗之不成"中的"得"应该是道德的德，"之"是到达的意思。为德，如果你没有到达，没有进去，没有体验，就不叫有德。"知弗思不得"，是讲人的觉知，要经常反思，真知是通过不断地反思，不断地把错误的放下，把对的抓到手而得到的，真知是需要持之以恒地反思的。

"思不睛不察，思不长不得，思不轻不荆。不荆，则不安，不安则不乐，不乐则无德。""睛"是指眼睛，眼中有光，叫眼神。面对一件事，靠眼神去看，用神去看。如果你不用神去看，就不会有觉察力。很多人都是认死理论，碰到一件事的时候，总是说从前你是什么，现在就应该是什么。但我们要知道人是活的，当下和从前已经是天壤之别。过去未来都是理性的死的，当下是活的，死脑筋的人不管当下是怎么回事，只是将死的硬套在活的之上。这只能说是头脑，而不是神。神是察、是观，神与客观一体，是一个鲜活的感受过程，神一下子就能觉察到本质。这是一个鲜活的体验过程，而不是头脑的逻辑。只用眼睛看，就像是闭着眼睛，什么也看不清。睁开眼睛用神来看，每件事都处理得非常完美。觉察了以后，坏事也解决好了。神是清醒的，不是闭着眼的。反思是需要持之以恒的，在反思的那一瞬间，本性就显露了。本性是光，经常反思，光就里应外合地长大了，所以说"思不长不得"。

"思不轻不刑"中的"轻"指直接，如果想法不直接，就难说得准。直心是道场，直接、简单就是本性。如果不是直心，在那儿想东想西地纠结，顾面子、照顾情绪，脑子还在转弯，是不行的。想法必须得直，不直就不是德。

"不刑，则不安，不安则不乐，不乐则无德。"方法不对就错了，错了神就不安。心安了魂就安了，魂是光，心安了，魂光就凝定了。吸引外边的光进来，光就长大了。德一之光的长大，靠人的心安、光凝定，吸引体外的德一之光入体，强调心安、神定、气闲，是为了德光的成长。德是怎么产生的呢？你必须经常反思，长期反思。直心是道场，你的心要变得直接，心安神宁光才能长。没有开玄关的普通人，心不安、神不宁，光只会被消耗，不会增长。本心是一个大体系，如果不懂本心，不认可本心，那么他的魂光永远是外飞的，直到飞完了，就死了，他的德光也是外散、消耗的一生。圣人告诉你要向内、要心安，神光凝定，吸引天地的元气，人体发生高生物电反应，元精发动，那是本性能量带来的快乐，所以叫大乐。有了大乐和高生物电反应，才叫有德。

"思睛"也是识神退位的意思，"思睛"是用神来观察，这就是识神退位，元神当家。第一眼是元神，是神在看，一打眼就行了，不要想。想东想西是识神，一眼就下决断才是元神。

本性是磨炼出来的，《西游记》九九八十一难，就是讲本性是磨出来的。本性不是说出来的，也不是听出来的，是通过生活中大大小小的事磨炼出来的，磨出耐心、磨出毅力、磨出刚强。你克服各种各样的困难，经历各种各样的磨炼，本性才能显化。本性是纯阳，你的本性磨炼出来了，和你身边的环境是一体的，假如你很平静，身边都是好事没有坏事，说明你的本性纯阳能量发挥了作用。反之，身边很多麻烦事，这些都是你的阴气没清理干净，各种各样的外显就是麻烦。本性的纯阳有一个积累过程，这个过程是很痛苦的，是你用苦难换来的。有大成就的人，一定是经历过大磨难的。一般的人，磨炼来时，心转不过来了，认为自己不行了，他会顺着这个困难去想。反思，你把这些东西看破、放下，多大的麻烦在你这里都不算什么，在你心里都没有牵挂，都看得开。磨难其实就是炼心，心灵的力量，勇敢地面对困难、面对磨难，叫动处练性，在动态的生活里，锻炼人坚定的心性。困难来了，千万不要怕。普通人首先是会恐惧，然后就想着怎么躲避，这就错了。你根本不需要恐惧，直面困难，不要被它吓倒，然后事情就会转化了。你可以试验一下，遇到困难不要退缩，看事情会转化成什么样子。事情的转化，来自本性的纯阳力量，这个力量就在你的心上，看你的心够不够坚强。化腐朽为神奇，把粪土变成鲜花。要坚信不管多难多怕的事，我都可以将它转化，坏事情也能越变越好，这就是本性的力量。

心安神乐，心干净了，神才会体验大乐。心里纠结着很多的事，牵挂着好多的事，这就是心不安，普通人的心都是这样，使劲儿累自己。要什么都不牵挂，什么都没有，干干净净的，就是心安，心安才能达到神乐。

在十多年前，一提到大道我就会很真诚地哭，已经哭了十几年了。这个哭不是通常所说的委屈和伤心，而是神的反应，是对灵魂最深的触动。虽然现在有时候也哭，但我已经有神的大乐了，神的大乐不是一般的乐，是仰天大笑，是心领神会的大乐。我现在经常仰天大笑，已经会神的大乐。哭和乐，都是起神的表现，小的灵魂之光与大的灵魂之光触动乐，那种哭和笑是慢慢培养起来的。神的大乐很厉害，光的能量是可以解决问题的，问题和麻烦不过是阴气，光是纯阳能量，立刻就能把阴气平衡，问题一下子就解决了。一切尽在不言中，尽在无形中。这种状态是高能量，是德—能量的运作。

第五章　真五行成就元神

不仁，思不能睛。不知，思不能长。不仁不知，未见君子，忧心不能说。既见君子，心则能说。《诗》曰："未见君子，忧心惙惙。亦既见之，亦既钩之，我心则说"。此之谓也。

不仁，思不能睛。不圣，思不能轻。不仁不圣，未见君子，忧心不能行。既见君子，心不再沉重。

译文：没有天生带来的仁，思考就不会用神。没有天生带来的知，思考就不能涉及长生。没有仁德、智德，就是没有见到元神君子，就会忧心，本性神不乐。见到元神的光，就是见到了得道的君子，就会由衷地大乐，《诗经》说："未见君子，忧心忡忡，已见君子，就被勾了魂，我心大悦。"说的就是这个。

没有仁德能量，就不会用神思考。没有圣光，思考就不会犀利，直达本质。没有元神的圣光，就是没见到元神，心中之忧就不能行道。已经见到元神君子，心就不再沉重了。

释义："不仁，思不能睛。""仁"强调的是先天的、内在本来就有的，一点灵光里先天带的仁，就是天理良心，一点良心都没有了，就是不仁。先天带来的仁是慈悲心，是光。如果没有先天的德，也就没有光。没有光，看问题就不会用神去看。想要用神去看问题，必须有光才行，没有光只能用大脑看，只能用逻辑去看。所以说"不仁，思不能睛"。

"不知，思不能长。"知对应先天的肾水，水德元气。如果水德匮乏，肾气特别弱、特别亏，思就不能长。思是觉知、反思，能不断地反思，把本性显露出来，说明这个人的元气很足，水德充足。不断地觉察，是靠能量支持的，如果没有知德能量的支持，灵感则不能闪现。能量和反思是一体的，能量匮乏，反思就特别短。

"不仁不知，未见君子"。是讲没有仁德和知德，就是没有见到光。"不仁不知"指的是仁德、知德。如果不是仁德能量，后天的仁是后天的思想，仁德、义德、礼德都是先天的。君子就是元神，元神就是光。为什么这么说呢？仁是魂，肝藏魂。魂是光，水生木，水德元精发动，仁魂的光就壮大了，就把魂提升为元神了。如果木和水都匮乏，光就没有。"未见君子，忧心不能说"，讲的是见不到光，那种发自内心的、由衷的喜悦就不会有。

"既见君子，心则能说。"是讲已经见到元神的光了，肯定会由衷地喜悦。仁和知有了，元精发动了，魂光长大了，给能量也就长大了。你有光了，光就是君子元神，这说明你的阳气超强，智慧过人，心明眼亮，你肯定会很开心。

"《诗》曰：'未见君子，忧心惙惙。亦既见之，亦既钩之，我心则说。'此之谓也。"是讲没见到光的时候，是不开心的。你见到元神的光，就会非常开心，高兴至极。说的就是这个意思。

"不仁，思不能睛。"如果没有仁德能量，就不会用神看问题。

"不圣，思不能轻。""轻"是经的意思，是永恒的真理。"圣"是元气，如果元气不足的话，人是想不对的。人为什么想得对呢？那是天地浩然正气在背后支持。例如，现在要发生一件事，你想得很对，看得很准，判断力就是源自元气的支持。

"不仁不圣，未见君子"中的"仁"是魂，"圣"是元气，前面讲"不仁不知，未见君子"，现在讲"不仁不圣，未见君子"，一个是知，一个是圣。知是一的水德，圣是五的土德，从一讲到五，一是元精，五是元气。元精化元气，元精元气是一体的，总之就是元气能量。从一和五、知和圣两个方面讲仁魂。思考能不能用神呢？这就要看你有没有能量，一和五都是能量来源。好像古人说话绕圈子，其实讲的是仁魂的能量有两个来源，仁魂的光从哪儿来呢？是从一来的，是元精发动来的，还是从五来的，五又是老天的元气。看问题用心看，用神光看，那就会深刻、准确。这是智慧，智慧是靠能量、靠元气支持的。靠元精、元气、知德能量支持智慧体，智慧、能量又是一体的，这就是元神的光的特点。

第六章　元神如何成

仁之思也睛，睛则察，察则安，安则温，温则知君子之道。知君子之道则不忧。不忧则王色，王色则形。知之思也长，长则得，得则不忘，不忘则明，则见君子之道，见君子之道则王面。王面则荆，荆则知。圣之思也巠，巠则荆，荆则不忘，不忘则息，息则闻君子道，闻君子道则王言，王言则形，形则圣。

译文：仁德能量是用神思考，神光有千手千眼的察觉。觉察使神安，神凝定了就会得真阳，得了真阳之暖，就明白了元神的君子之道。体验了元神的君子之道，就会无忧无虑。无忧则面有玉光，元精化出的玉光会体现在形体上。真知的思索涉及恒常之道，涉及了道则受益，得了就丢不掉，就会看到光，就是见了君子之道，见道了会从脸上体现出来。脸上有光，是元精发动的结果。圣光的思维就是经典，经典就是永恒的真理，令人难忘。真理铭刻于心，就会使人耳聪目明，耳聪目明就是听闻了君子之道，就会发出美妙的声音，这声音从形体表现出来，形体成为圣人。

释义："仁之思也睛，睛则察"中的"仁之思也睛"是讲用神来看问题。"睛"是眼睛，眼睛藏神，就是用神来看。"睛则察"是讲如果用神看的话，就有本性的觉察在其中，这不是后天意识的逻辑、推理、判断。逻辑推理是一个死的过程，而觉察是一个活的体验过程。生命是活的，是鲜活的感受，能量的成长是在

135

这个鲜活的过程中实现的，而不是在一个死概念中实现的。我经常说，一套一套的死理论都没有用，神的觉察是当下的鲜活的体验，要把死脑筋的死理论全忘掉。这些死理论全是假的，是没用的，不要抱着这些无用的东西，把假的全扔掉，来到鲜活的过程里，生命是一个鲜活的过程，在这个过程中你肯定是有正能量的。所有的问题都是因为抱着死理论，自寻烦恼。

"察则安，安则温。"是讲用神看，神是带觉察力的，本性和觉察力一显露，心神都安了，同时本性支撑着心神。心神一安就得温暖，温就是阳火，就会暖洋洋的，命门起火。命门为什么起火呢？因为神能安，光能凝，引来了老天的元气，高能量进来就起火了。为什么不起火呢？因为光总是飘着，总随着各种各样的念头奔跑，不能安定，它怎么能得暖呢？神是光，没有杂念，就是那种简单的状态，光就定在那里，有光定在那里的话，自身的光和天地的大光是一体的。我在永乐宫讲《百字铭》的时候就强调，你的光一露出来，天光就进来了。这不需要怎么练，不需要人为做任何事，把你的光露出来天光就进来了。"安"指心安、神安，心安之后魂光就定了，光定的话，就会把外边的光招进来。内外合一，大道成。关键是要得安，要心安、神安。

"知君子之道则不忧。不忧则王色，王色则形。"懂了元神的君子之道就无忧，元神是光，有了光就会从脸上体现出来。世上有那么多的观念，你接受哪个呢？你真接受了自然之理，光就会从你的脸上显现出来，满脸放光。真东西是带能量的，它不是一句死话，而是一个活的东西。你要知道元神这个光的道理，你认可了它，光就会从脸上泛出来。"王色则形"，就是说玉光从你的肉身反映出来。像我平时邋里邋遢的，准备展示新做出来的华服时，衣服刚一上身，摄影师就说："老师，你怎么这么好看呀！"拍照的人总是惊叹，其实这是我的神气起来了，神气起来，从里到外透出来一种气质，就叫"王色则形"。

"知之思也长，长则得，得则不忘，不忘则明。"是讲如果你接受了光的概念，光就会显示出来。"知之思也长"，就是真知的反思，肯定是经常地出现，不断地反思。"长则得，则不忘，不忘则明"中的"明"是光的意思，光是要积累的。通过不断地反思，光就越积越大了。反思的功夫是自己的，要下功夫，不断地反思，就会拥有光，光就会成长。一个形体上有光的人，一定有真知。真知对应元精，有没有元精要靠光说话，如果这个人的脸非常干燥，没有光的话，说明他的元精、元气不足；元气足的话，一定是满面春光，就是这个意思。

"圣之思也亟，亟则荆，荆则不忘，不忘则息，息则闻君子道"，就是说经典，经典是永恒的真理。把经典刻在脑子里，例如《道德经》说"致虚极，守静笃"，把这句话刻在脑子里，并且认真这样做。"息则闻君子之道"中的"息"本意是阳生的意思，例如胎息，获得的是宇宙纯阳能量。得了天地正气，就一定懂君子之道。"则息"就是得阳生之气。元神是光，光灌入听众的耳目，给人眼睛、耳朵里灌光。为什么叫耳聪目明呢？耳朵里进了光，眼睛里也进了光，这些光使人耳聪目明。"息"讲的就是耳聪，也就是耳朵进了光了。

"闻君子道则王言，王言则形，形则圣。""王言"指玉言，玉比喻的是光，听了带光的这些话，一定会体现在形体上。例如，人讲道的时候就会特别漂亮，在平时说话的时候则不会这样。一讲课，说的都是君子之道，都在讲光的规律、特点，光就会在外形上体现出来。"形则圣"，是讲外形上能够体现出光彩来，一定是"圣"这个级别的人。道家叫真人，儒家叫圣人，就是这个意思。

第七章　七返一是元神

《诗》曰："鸤鸠在桑，其子七兮。淑人君子，其仪一兮。"能为一，然后能为君子，君子慎其独也。《诗》曰："晏晏于蜚，差池其羽。之子于归，袁送于野。瞻望弗及，泣涕如雨。"能差池其羽，然后能至哀，君子慎其独也。

译文：《诗经》说："桑树上的布谷鸟，有七个孩子。善人能把它们聚拢在一起抚养。"能使用一的人，才能成为君子元神。"君子慎其独"，独是一，一是整体，元神是活在共性整体当中的。《诗经》说："一只燕子，扑扇着羽毛，回归它的故乡。其他燕子送别得很远，伤感地落泪。"扑扇着羽毛，奋力笃行，才引来深深的哀伤，因为君子慎独，元神是活在一里、活在整体里的。

释义：布谷鸟在桑树上，它有七个孩子，把七个孩子放在一处养。七是元神的数，用鸟来比喻修光这件事。七只鸟比喻七窍玲珑心，元神的光长出来，七窍玲珑心自然开，七窍被德一之光贯穿。"能为一，然后能为君子，君子慎其独也"，讲的是能够得一，先天一炁、德一之光，如果能够得到德一之光，那就是君子元神。"君子慎其独也"，是讲君子元神这个光，需要很深的单独、独立的状态。人的光和生活环境是一个整体，例如你养的宠物，你家的老人、孩子，你的光和他们是长在一起的。为什么你养的宠物死了，你会很伤心呢？其实就是长在一起的光，突然间分开了，你就会特别难受。元神的光是与别人融合为一的，但是需要深度的独立才能养出来。你周围就是自己，非常清净，什么牵挂也没有，只有在这样纯洁和完整的状态下，元神的光才能养大。和别人牵扯在一起，三观不同，对你的光就是一种干扰。大道天成，自然成。老天给你自然安排了几年，让你单独一个人，把光养出来了。光养出来以后，你可以把它送给别人，照耀别人。但是，在光成长的时候，必须君子慎独。没有慎独的状态，光就像一个浮萍，不能潜深水，这样的光是养不大的。神的状态是深度潜水，人的状态是浮萍。潜的水越深，光的能量越大。好像一个矛盾体，君子之光是一个独立的个体，这个个体可以哺育更大的集体，它是集体和个体的统一体。所以，在处理人际关系时，心里要有数。很多年里你都是一个人，那你要感谢老天眷顾你，让你可以在慎独的状态下把光养大。光长好了，老天要用的时候，又将你放到一个集体里，要知天理、明天意，从光的角度想问题，就是天道、自然之道。

"《诗》曰：'晏晏于蜚，差池其羽。之子于归，袁送于野。瞻望弗及，汲沸如雨。'能差池其羽，然后能至哀，君子慎亓独也。"这只鸟奋力地往外飞，送别它的鸟们很伤心，哭着不舍分离。这讲的就是光的特点，分别为什么会伤心，因为光长在一起，所以分开时会心痛。《诗经》所说的意思是，即使伤心也得飞，不飞就长不大。因为君子必须慎独，才能使关爱他人的光长大。有人会觉得一个人比较孤独、寂寞，但我并不这么认为，这种状态高兴还来不及呢。要知道，君子慎独就是为了养光，分别时伤心，是因为光长在一起了。

七是元神的数，元神是活在一里的，活在整体里的。所谓的七返还丹、九转金丹，七就是元神的数。七窍都有德一之光的贯穿，那就是活在一里。君子慎独，独是一，一就是整体，元神是活在共性整体当中的。不能慎独，就不能包含

整体，光扯在一起，不能飞腾。如果还没有培养起来独立这个习惯，还要一群一伙地凑热闹，那都是浮萍，浮在表面上，光长不出来。要喜欢一个人待着，跟谁也不联系，和谁也不牵扯，要培养这种状态。如果还在东扯西扯，光就不能成长。

第八章　元神做功德

君子之为善也，有与始也，有与终也。君子之为德也，有与始也，无与终也。

译文：光在人道行善，有物质的显化，所以有始有终。光在天道行德时，有开始，没有终结。德一之光如太阳光粒子，养育众生，不可计量。有形的是为善，无形的是为德。

释义：君子元神这个光，在人道上为善、做好事，可以看到开始，也可以看到结果。遇到困难的人来求救，元神的光去了，困难解决了，有形的事物自然能看到始终。君子为德，德是光，光是哺育众生、解决困难的纯阳能量，是在无形世界中无不为的。元神君子这个光，做了数不清的好事。光是送温暖的，是扶弱送能量的，是无限付出的。在有形的层面是很小的一部分，更广大的在无形层面之中，无穷无尽地付出，不为人所知。（如图5）

图5　心神神光

第九章 元神讲话带光

金声而玉振之，有德者也。金声，善也。玉言，圣也。善，人道也。德，天道也。唯有德者，然后能金声而玉振之。

译文：声是后天，音是先天。发出美妙的声音有德一之光与之共振，说明这是一个有德的人。美妙的声音是善，带玉光的声音是圣。善是人道，德是天道。只有有德之人，说话才有金玉之声。

释义："金声而玉振之，有德者也。""金"指的是光，光入火不焚，入水不溺。金丹的金，比喻它不变的永恒性。有德之人的声音是金声，是带着道的永恒能量的。"玉"是道光，透明的白光，有德之人的声音是有道光共振的。他说话有光在震动，说话就是在吐光。听者的眼睛、耳朵都会被灌注光，有光注入会使人耳聪目明。

"金声，善也。玉言，圣也。善，人道也。德，天道也。"声是有形的、后天的，"善"指人道。有形的文字，有形的话，是人道，所以叫善。"玉言"指带光的话，一个有德之人，他说出来的话是带光的，这是一个合天道的圣人。

"唯有德者，然后能金声而玉振之。"只有有德之人，才能够金声玉振。所谓大德，德能量积累得很大了，叫有德之人。这种人才能讲经，讲永恒的真理，因为他说话是带光的。说话无光之人讲不了经，讲不了传统文化，只能讲一些知识、皮毛。因为他没有修道的体验，传达不了德的光能量。

得道之人讲话有金声玉振，从声音就能辨别一个人是否有德。说话带光，光是纯阳正能量，是天地浩然正气所化，是可以化生万物的高能量。直接向听者的眼中和耳中灌注光，眼睛对应神，耳朵对应肾。眼耳得光，就是铸魂工程。但这也是有前提的，必须是真心出来，光是对着真心传输的，贪心妄念的假心则是障碍。（如图6）

图6　金声玉振

第十章　爱是神的属性

不变不说，不说不戚，不戚不亲，不亲不荆，不荆不仁。

译文：没有变化就没有喜悦，没有喜悦就没有亲近感，没有亲近感就没有亲情，没有亲情就不能由衷地爱，不能由衷地爱就没有仁德能量，就没有灵魂。

释义：爱、快乐、创新是元神的三个特点。道是永远的新鲜，创新是灵魂能量的输出，是神的快乐。

变化带给人新鲜感，使人高兴。道是一个鲜活的体验过程，永远变化，永远更新。元神的感觉在场，是一个活生生的过程。普通人很难有创新，缺乏新鲜感，心里就没有快乐，总是处在一种重复的、麻木的、感觉无趣的状态。元神是从来不会重复的，不创新就不是元神，它是永远的第一次。元神的本质就是创新，不断地享受新鲜感。"不变不说"，是讲没变化就不高兴；"不说不戚"，是讲不高兴就没法亲近；"不戚不亲"，是讲没有内外合一，没有体验一体的快乐，就没办法亲近；"不亲不荆"，是讲不能亲近就没有爱；"不荆不仁"，是讲没有爱就无法实现仁。仁是魂，是人的神。人的创造力需要输出，能量发挥出来，神就很舒服，新鲜、创新是心灵的需求。哪怕你现在去遛狗，这也是一个鲜活的过程，是你跟小狗互动的过程，是你看着它、带着它完成的活生生的过程。正在进行时，是盛开的鲜花，不要活在麻木的头脑中。置身在正在进行时里，根本就顾不上胡思乱想。亲和爱，实际上就是光。和人共事，在一块儿生活，一段时间之后光就长在一起了。光的本质就是爱，就是创新。就像养宠物，谁带它，它就和谁格外亲近，久而久之，你们的光就长在一起了，爱是光的属性之一。

没有爱，就实现不了灵魂的慈悲。人没有了柔软、同情和慈悲，灵魂就会很痛苦、很难受。仁魂的本质特征就是爱。在一起生活，光就长在一起，爱就会滋生。所以，不要轻易地和不相干的人在一起，不然光长在一起，就会滋生感情。如果这个人三观不正，志趣不相投，让你内心起冲突，你的光就白白浪费了。光一次次地被浪费，人就一次次地生病。仁魂是光，光的本质是创新和爱，在安排生活和工作的时候，要服从灵魂的需要。例如孩子择业，要让他选择能够创新、不断有新鲜感的职业，根据灵魂的需要择业，就会有创新成果出来。如果选择他不喜欢的职业，将来绝对不会有所成就。仁魂之光具有创造力，这个能量输出之后，人就会特别成功、幸福。如果这个能量总是不能输出，人就会生病。

第十一章　极简才能行义德

不直不迮，不迮不果，不果不简，不简不行，不行不义。

译文：没有直心，就是有阻碍，有阻碍就不会果断，不果断就没有简单，没有简单就不能行道，不能行道就没有义德。

释义：直心是道场，能果断、简单，就是智慧开了。犹豫和复杂是智慧没开，距离真理还有重重障碍。

义德能量要实行，首先要正直。刚才讲仁，现在讲义；刚才讲的是魂，现在讲的是人的魄力、胆识。仁魂之光需要胆识和魄力的辅助。直接、直心，不用动脑筋，不用思前想后，这个直就是义。人的本能是有分辨能力的，是好是坏，直觉都懂。不直的话，就是有阻碍了，不要挡着它，要让它畅通。"不迮不果，不果不简"，讲的是没有直接就没有果断，没有果断就不能简单，大道至简，简就是义之行。人的魄有力量就能果断，果断的人就简单。有火眼金睛，一下就能决断。一个人学道，光要成长，简单、直接、果断必须出来，那是神的力量。如果还糊里糊涂、犹豫不决，就会神昏无力。仁的本质是爱，是创新，你做到了没有？无限慈悲柔软的爱心，培养出来没有？讲义，你的干脆、果断出来没有？简单做到了没有？简就是义德能量的实行。你在生活中，是不是能处处简单，喜欢简单。

果断、简单，这就是义之行。义是本能的、天然的。一件坏事，本能地就会知道。有人要杀一只动物，刚动了这个念头，还没动手动物就知道了。这是本能的判断、辨别，这就是义德，是人的灵光先天带来的。仁是创新和爱，义是简单和果断，你培养出来没有？你做到了没有？做不到元神就成不了。

第十二章　敬天行礼德

不袁不敬，不敬不严，不严不尊，不尊不恭，不恭不礼。

译文：不穿长衫就得不到尊敬，不被尊敬就没有尊严，没有尊严就没有尊贵的气质，没有尊贵的气质就不会被人恭敬，不被恭敬他人就无法实行礼德。

释义："不袁不敬"中的"袁"指长衣，古人穿长衫，表示对他人的尊敬，穿短衣是不尊重人的。"不敬不严"，讲的是不被尊敬就没有尊严。礼德能量对应元神，元神的一个特点就是庄严。"不严不尊"，讲的是没有庄严、庄重，就无法显示尊贵的气质。记得我们在永乐宫走秀时，刚开始时比较混乱，但很快就走得相当棒了。第二天在正式走秀时，走得特别好，因为元神的庄严出来了。也就是说，讲仁、义，就是爱、果断、简单；讲礼，就是庄严、尊贵。其实，华服代表的是礼德，是元神的庄严。礼德能量就是人的神的尊严，元神的威严。人心是没有威严的，但元神不仅有威严，还有一种尊贵的气质。

"不尊不恭，不恭不礼"，讲的是礼德能量中含着恭敬，恭敬来自尊严。以往理解的礼德，好像只是讲礼貌，但这不仅是礼貌问题，还是元神本性的威严。尊则振龙，龙就是元神的光所化的象。尊严可以振龙，会震动人的神光，神光动起来了，人就会很神气，精神焕发，尊贵之气也就出来了。说这个人光彩照人、精神焕发，其实讲的就是他的光出来了。帛书《五行》讲的是礼德，强调的是精神内涵，而不是外在的礼仪。孔子讲的克己复礼，也是讲元神的尊贵。因为元神通天的智慧，元神掌管能量，你遇到的好事都是元神的能量所化的。元神是人体的君主，它来则生、走则死，所以有帝王般尊贵的气质，让人毕恭毕敬。敬、严、尊、恭、礼，讲礼德能量的内涵。一贯地尊敬别人，有庄严神圣的气质，有元神尊贵的品格，将恭敬作为一种自谦、严于律己的品格，这些都修出来了，这才叫有礼。

第十三章　聪明是光的外化

不聪不明，则不圣不知。不圣不知，不仁。不仁不安，不安不乐，不乐无德。

译文：肾外化于耳，心外化于目，耳不聪目不明，就没有心光圣光，也没有智德、水德能量。心肾都没有光，就是没有仁德。没有仁德能量，灵魂就会不安。心灵不安就没有神乐，没有神乐，就是无德。

释义："不聪不明，则不圣不知。"耳聪目明，"聪"指耳朵，"明"指眼睛，耳朵和眼睛没有光则不圣不知。眼睛没光，耳朵没光，肯定没得先天一炁，没有元神的光。圣对应元气，知对应元精，圣是五，知是一，一和五代表的就是先天一炁的纯阳能量。说这个人很聪明，很有智慧，他的眼睛里就会有光，耳朵里也会有光。耳朵有光，可以听到广大的世界，不仅是现实世界，光还可以穿越空间，穿透无形。眼睛有光，神看问题，一眼就照定，一眼就发现问题。眼睛里有光的人能思之睛，能用神来看问题。这和普通人看问题，感知世界，有天壤之别。所谓的千手千眼观音，每个细胞都有光，每个细胞都有眼睛的功能。不仅用光看，还能用光改变，平衡阴气，一看就将其改变了。"聪明"两个字的内涵，就是眼睛和耳朵都含光，都装着光。

"不圣不知，不仁。"圣是五对应元气，知是一对应元精。没有元精、元气就不仁，仁魂是光，不仁就是无光。

"不仁不安，不安不乐，不乐无德。"仁魂无光，灵魂就会不安，不安的灵魂肯定没有快乐，不乐就无德。人充满了天地浩然正气的时候，他肯定是大乐的，不是一般的快乐。一般的快乐是悦，是喜悦、高兴，而大乐是因为有天地大能量。大就是道，就是天地间的纯阳能量，人体感受的是高生物电感。有此则人会大乐，没有天地能量，就叫无德。

一个人的聪明智慧，一个是自身的能量，一个是外来的能量。心很静，没有杂念，外来的光就能来。一个灵感、一个发明，其实是虚空中有光进来了。虚空中的高光，是自生智慧，是无师自通的根本。自然地会画画、会跳舞、会写诗，就是智慧信息的获取。光是内外一体、不内不外的生命物质。

第十四章　大爱的扩展

颜色容貌温，变也。以亓中心与人交，说也。中心说焉，迁于兄弟，戚也。戚而信之，亲也。亲而笃之，悉也。悉父，亓丝悉人，仁也。

译文：容貌温和是德一之光变化出来的。出自本心地与人交流，一定是喜悦的。心中有大乐、神乐的人会感染家人，佛光普照，光长在一起，家人之间就会很亲密。亲密又真信，感情才真亲密。亲密的感情到了很深的程度，就是大爱，灵魂之爱，大自然之光融为一体的爱。因为爱父亲、爱纯阳，点点滴滴都是爱，把这种爱推广到其他人，就是仁德能量的实行。

释义："颜色容貌温，变也。"面容温和，变化来自于心，相随心变。你如果接受了一个新的观念，把过去旧观念打碎了，你的相貌就变了。你把内心藏着的错误念头都清理干净了，你的相就会大变。"颜色容貌温，变也"，讲的是能量改变面貌，道德能量是高能量的元气，会使人有脱胎换骨的改变。

"以亓中心与人交，说也。"中心是本心、真心，你真心和别人交流，就会高兴。拿后天意识、功利目的心、计较得失心与人交往，为了功利目的，为了有用，为了好处与人交往，拿人心去跟别人交流的时候，你的神是不高兴的。如果用真心，本性纯阳能量散发出来的光，是仁魂的乳汁，神吃饱了，神是很高兴的。饭菜好吃，人吃饭，神吃米。不好吃的东西，人吃饱了，神挨饿，神就不高兴。神总是挨饿，就一定是个愚蠢的人；神吃饱了，人就会聪明伶俐。

"中心说焉，迁于兄弟，戚也。"如果与人交往出于真心、本心，而不是一颗算计之心，真心是光，光会照耀他人，佛光普照，光会扩大到身边人的身上。

"戚而信之，亲也。"光扩大了，惠及兄弟姐妹，受益的人也信了，共同的信仰会产生亲情。有亲情是因为光长在一起了。

"亲而笃之，慈也。"亲情进一步深厚，就是爱。

"慈父，亓丝慈人，仁也。"爱自己的父亲，那是一种本能的无条件的爱，这种无条件的爱是广大深厚的，是散发的。这种爱是光，一丝一丝的光，点点滴滴的，爱所有，爱一切，这才叫仁。也就是说，灵魂之爱，是一种深厚的光，爱被无限放大，就是灵魂之爱。仁就是光，无条件的、深入的、无限扩展且不会变的。(如图 7)

图 7　甲骨文仁字

第十五章　直心行义德

中心辨焉，而正行之，直也。直而遂之，迣也。迣而不畏强禦，果也。不以小道害大道，简也。有大罪而大诛之，行也。贵贵，亓等尊贤，义也。

译文：本心是有辨别力的，本心发出来的是天地浩然正气，直心是带天地能量的。直心、顺遂、超越，有过人的力量就能果敢。以好小法术妨碍学大道，很容易，多数人都是如此。由大罪受到大的惩罚，是因果铁律的道行。以真正尊贵的人为贵，尊重贤人，就是义德。

释义："中心辨焉"中的"中心"讲的就是本心，不是人心，本心是人的本能系统，自然系统。本能系统靠直觉说话，是好是坏，直觉都知道。"而正行之，直也"中的"正"是什么呢？大道，天地的浩然正气就是正，就是自然，道法自然，自然就是正。如果不是自然，是各种人为的练功、念咒、弄法术，这些全都不是正。老天的能量、智慧，就像直通车一样，是直接的。每个人的心里都明白，哪个东西是好的，哪个东西是坏的，不需要教，他本能就会，这就叫"中心辨焉，而正行之，直也"。

"直而遂之，迣也。迣而不畏强禦，果也。"如果能够直，能够顺遂，就没有阻碍。没有阻碍就没有恐惧，果断就没有恐惧。

"不以小道害大道，简也。有大罪而大诛之，行也。"大指的是本质，一下就能看清本质，知道对错，肯定坚持对的，反对错的。简是简单，说元神是很简单的，对还是不对，没那么复杂。"有大罪而大诛之，行也。"有大罪就要受大的惩罚，这就是义德实行。这是个比喻，在大的方面绝不能含糊，对就是对，错就是错，简简单单，简单就是义的实行。在小的方面则不要在乎，小事根本不想，不要在乎吃亏还是占便宜了。大的要搞清楚了，别糊涂，小的不要在乎，要包容。抓准大的就是义之行，包容小的就是仁之行。在大的方面很果断，旗帜鲜明。就像秦始皇为了统一天下，为了这个大局，什么都能忍，什么都能舍，这就是为了大义、为了理想而献身，在此过程中许多小问题就可以忽略，能刚能柔，刚柔并举。

"贵贵，亣等尊贤，义也。"义的实行和仁的实行，仁义魂魄是要实行的，是要做到位的，这种状态你培养出来没有？例如做华服，我觉得这是一个对文化的贡献，虽然前期投入的成本非常高，一件华服的平均成本要上万元，但这是为民族文化作贡献，所以不计成本，不想小事，这就是仁义的实行。关注大的，不管小的，小的也不会出多大问题，自然而然就会顺过来。

这就是修道，仁、义、礼、知、圣，一点一滴地达标。不是简单地坐着，没有杂念了，光长大了，光的验证都出来了，不仅是这些。五德的标准是什么？做到了没有？全方位地投入与磨炼。我之所以喜欢帛书《五行》，因为我觉得这简直就是一部教科书，书中规定了明确的标准，仁、义、礼、知、圣的标准，你达到了没有，达到了才是有德。这都是实打实的

图8　甲骨文义字

实证的东西，不是说说而已。

　　甲骨文的义字，一只羊，一把剑，止于战而吉祥。杀阴气，阴气转阳。魄藏精，精要止住，不能浪费。精化气，气化光，光就是大义。（如图8）

第十六章　恭敬心行礼德

以亓外心与人交，袁也。袁而裟之，敬也。敬而不解，严也。严而畏之，尊也。尊而不骄，恭也。恭而博交，礼也。

译文：用表面的心与人交往，像穿长衫表示礼貌。衣装不仅表示礼貌，还像锦斓袈裟一样表示法道，会令人肃然起敬。不懈地恭敬就是威严，有威严令人生敬畏，就是尊贵。既尊贵又谦虚，举止恭敬，把恭敬推广到交友上，就是礼德。

释义：上一章讲义的实行，这一章讲礼的实行。"以亓外心与人交，袁也。袁而裟之，敬也。敬而不解，严也。""袁"是长衫的意思，和别人交往的时候，穿戴整齐，表示对人的尊重。袈裟的裟，是法衣，是大道的象征。有道的内涵，就会引人恭敬。恭敬能持之以恒，不懈地恭敬，就树立起了威严。

"严而畏之，尊也。"有了威严，令人生出敬畏，就是尊贵。有的学员见了我会紧张，其实我很随和，但是我的神有威严，他们能感受到神所含的信息，他们的神懂。这种威严令人生畏，就是神的尊贵。

"尊而不骄，恭也。"神很尊贵了，但是自己很谦虚，不骄傲，这就是恭。首先你达没达到神的尊贵，那种高贵的内涵，你有没有？其次，你有了以后，没有一点多余的想法，就是一个普通人，能做到才叫恭，绝不是作揖行礼才叫恭。

"恭而博交，礼也。"博交是广泛的交流，把尊贵的神的能量，广泛地送给

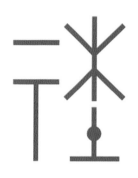

图9 甲骨文礼字

别人，把高能量的光广泛地舍给别人，才是礼的实行。礼的实行有一个过程，敬、严、尊、恭、礼，这一看，礼的实行有多难呢？这是什么级别的人呢？只有圣人、真人才能有礼的实行。

左图是甲骨文的礼字，左边一个人字旁，右边土上一棵树。土是元气，元气使树生长，比喻的是元气化出元神的光。人字旁是行持的意思，讲的是光的履行，让生命生长，叫礼。把光送给别人，舍给别人，叫礼的实行。（如图9）

第十七章　真知化圣光

未尝闻君子道，谓之不息。未尝见贤人，谓之不明。闻君子道而不知亓君子道也，谓之不圣。见贤人而不知亓有德也，谓之不知。见而知之，知也。闻而知之，圣也。明明，知也。壑壑，圣也。《诗》曰："明明在下，赫赫在上。"此之谓也。

译文：没听过元神君子之道的，叫耳不聪。没见过贤人的，叫目不明。听过元神君子之道，但是不懂元神之道的，叫不懂什么是圣人。见过贤人，但不知道贤人是有德之人的，叫没真知。见到贤人理解了贤人的内涵，叫有智慧。没见过，只是听说了就理解了的人，是圣人。明明就是真知，壑壑就指圣人。真知能量在下，《诗经》说："赫赫金丹如太阳在上。"说的就是这个。

释义："未尝闻君子道，谓之不息。未尝见贤人，谓之不明。"一个听，一个看。不息是耳不聪，不明是目不明。聪明来自光，耳朵没光是不息，眼睛没光是不明。如果这个人没听说过君子之道，也没见过贤人，那他就是耳不聪、目不明。就是眼睛没有光，耳朵也没有光。

"闻君子道而不知亓君子道也，谓之不圣。见贤人而不知亓有德也，谓之不知。"听说了君子之道，但听不懂，叫不懂圣人。为什么听不懂，是因为没有元气。不要说普通人，就算有些学习了很久的人来了，也说听不懂。因为他们的耳朵没光，元气亏，所以就听不懂。

看到了有光的人，不知道这个人有光。光是无形的，如果自身没有元气，是感应不到的。"知"指真知，真一之水的水德能量。见到有光的人会有过电、眩晕的感觉。对普通人来说，佛站在他面前，他也毫无反应，根本就没感觉。因为他没有元精，没有元气，自然不会有真知。

"见而知之，知也。闻而知之，圣也。"如果看到了就能看懂，说明这个人有真知，真知是觉察和能量一体的。有元精同时又有觉察力，才能一见就懂。"闻而知之，圣也"，是讲听了就能懂，那是圣人。看要当面才能看见，听却不是当面，是神光飞过去了，神光超越空间，自由行走，叫圣人。

"明明，知也。壑壑，圣也。《诗》曰：'明明在下，赫赫在上。'此之谓也。""明"指光，"壑"指虚无。真知来自光，光里藏着虚无的圣人。

图10　甲骨文知字

甲骨文知字，有觉知和发射能量的意思。人的觉知是靠能量的。（如图10）

第十八章　五行一体是德

闻君子道，息也。闻而知之，圣也。圣人知而道也。知而行之，义也。行之而时，德也。见贤人，明也。见而知之，知也。知而安之，仁也。安而敬之，礼也。仁义，礼乐之所係生也，五行之所和也，和则乐，乐则有德，有德则国家兴。《诗》曰："文王在上，于昭于天。"此之谓也。

译文：能够听到君子之道的耳就聪。听了就能懂的是圣人。具有圣人之德的人通天道、了解后能实行的是义。圣人行道，与天时合一，只有德一才能做到。见过贤人的人会目明。看见了就理解的，叫有真知。了解了就魂宁，叫仁。得安详了又很恭敬，叫礼。内在的仁义派生出外在的礼乐，五行之所以融合为一，有了和气就有了电感之乐，体会了老天元气的大乐，就是有了德，有德则身国兴旺。《诗经》所谓文王居于上位，其德一之光在天上闪烁，说的就是这个。

释义："闻君子道，息也。"听了君子元神之道就耳聪，因为元神是光，听者耳朵里就被灌了光。"闻而知之，圣也。"听了就能真懂，是圣人，圣指虚无的光。圣对应元气，元精化元气、化元神，实际上就是光，三元合一之光。"圣人知而道也。"圣人这个光，有真知，通天道。"知而行之，义也。"真知不仅是一个知识、理论，更是一个实践、行为，真知的实行就是义。"行之而时，德也。"真知在行动的时候，与大自然完全吻合，叫德。做事天衣无缝，因为有厚德。"见贤人，明

161

也。见而知之，知也。知而安之，仁也。安而敬之，礼也。"见了贤人就会目明，因为贤人是有光的人，见了有光之人眼睛就被注入了光。看见了就懂了什么是真知。有了真知心安，仁魂之光凝定，心神安宁叫仁。心安之后产生了恭敬心，这就是礼。

"仁义，礼乐之所傸生也。"讲的是仁义是魂魄，礼对应元神。元神是魂魄的提升，"所傸生"就是被仁义所生。魂魄得了先天一炁之后，提升为元神。五行是合一的关系，仁、义、礼、知、圣是一个整体。五行之所和，环环相扣，是一个整体。"五行之所和也，和则乐，乐则有德，有德则国家兴。"德产生的过程，不是一个单一的东西，是一环套一环，五行是一个整体，然后才有德。五行合一才是德，五行合一才有大乐，有大乐才是有德。五行合一是

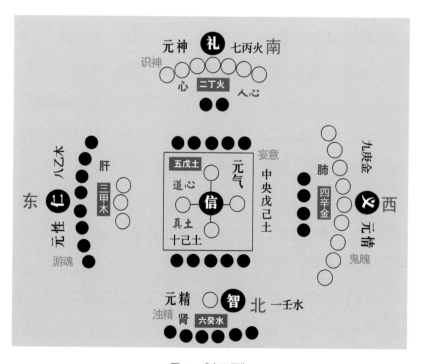

图 11 《古河图》

金丹，是永恒的光，是与大自然之光融合，开玄关，得大药，得老天的元气，不仅强壮了肉身，精神体也能长寿，这就是大乐，是得道的快乐。身国有了德，就会兴旺发达。"《诗》曰：'文王在上，于昭于天。'此之谓也。"《诗经》说："文王居于上位，其德一之光在天上闪烁。"说的就是这个。

总结一下，五行一体就是德，五行不是单一的，不能拆开，它是一个整体的、传递的过程，割裂开了就不成整体，就没办法工作了。这一章的概念讲的是五行合一就是德。如左图，仁、义就是魂魄，魂魄所生之礼也，礼对应元神。实际上是魂魄合一，魄转阳，一阴一阳，阴转阳就成了纯阳，再加上先天一炁就是元神。元神的礼德能量，是魂魄转化出来的。帛书《五行》讲的五，全是高标准，与之相比后天所理解的五德太不到位了。（如图11）

第十九章　五德是天道

见而知之，知也。知而安之，仁也。安而行之，义也。行而敬之，礼也。仁义，礼之所由生也，四行之所和也，和则同，同则善。

译文：见到了就明白了元神君子之道，叫知德。有了智德能量得到心灵的安宁，叫仁德。心定了德一能量运行了，叫义德。德一能量运行而升起恭敬心，叫礼德。仁义是礼产生的根源，仁、义、礼、知四行的融合，和谐为一，和谐了就是仁德、义德、礼德、智德，都出自先天，那就好了。

释义："见而知之，知也。知而安之，仁也。安而行之，义也。行而敬之，礼也。"看见了就懂了，是真知。有了真知心神安宁，就是仁。心神安宁了，真知就开始实践，就是义。在实践中体会到高智慧的妙用，产生了恭敬心，就是礼。"仁义，礼之所由生也，四行之所和也，和则同，同则善。"礼被仁义所生，四行之间是和谐一体的，仁、义、礼、知四行合一。"和则同，同则善"，讲四行合一就是四德。在没有合一之前是四行，合一后在德的层面是相同的，相同了就是先天的纯阳高能量。纯阳能量会把一切阴气扫荡干净，各种各样的阴邪之气，真阳之火发生一回就全搞定，这就是"同则善"。光出来了消灭一切阴气。为什么有问题呢？因为光太弱了，光弱了，阳就弱了，阴邪之气就猖狂。说的就是这个意思，同则善。

第二十章　元神刚柔并进

不简，不行。不匿，不辨于道。有大罪而大诛之，简也。有小罪而赦之，匿也。有大罪而弗大诛，不行也。有小罪而弗赦，不辨于道也。简之为言也，猷贺，大而罕者也。匿之为言也，犹匿匿，小而轸者也。简，义之方也。匿，仁之方也。刚，义之方也。柔，仁之方也。《诗》曰："不竞不絿，不刚不柔。"此之谓也。

译文：不简单直接，义就不能施行。不包容小罪，就不能明察于道。有大罪者判以重刑，明辨是非就是简。有小罪者能够赦免，就是匿。如果有大罪而不用重刑，义就无法实行。如果有小罪而不能包容，就不能明察于道。简单地说就是行义的方式，处理罕见的大事。匿说起来就是小罪赦之。简是实现义的方法，匿是实现仁的方法；刚是实现义的方法，柔是实现仁的方法。《诗经》说："既不争竞也不急求，既不太刚也不太柔。"讲的就是这些。

释义："不简，不行。不匿，不辨于道。"简单、果断，就是义的实行。不能简单，义就无法实行。如果不匿小的，不能忽略小的，不能把小的忘了，还挂着很多乱七八糟的东西，就是不懂道。道是大小一体的，你把大的抓住了，小的自然也就抓住了，你在心里就要放下。问题在哪儿，大的竖不起来，小的叽叽咕咕，满心都是垃圾，不知道抓大放小，大是成大道的大志，其他都是小，都可以不在意。大就是义德的实行，小就是仁德的实行，计较小事就是没宽容心。若有

165

宽容心的话，这一切可根本不想。

"简之为言也，猷贺，大而罕者也。"对简单而言，大道至简。猷，是以道而谋的意思，能够做到简，就是大道的做法。大道至简，特别简单才会有力。罕是少，罕见的大事，能做到简。大罪大罚、小罪宽容是比喻，实际上指的是大道。你对最大的东西，判断准确，简单有力，抱着这个想法就行了，你就是一个顶天立地、充满浩然正气的人。

"匿之为言也，犹匿匿，小而轸者也。"对那些细小的、细微的东西，好像藏起来了，看不见了。意思就是说你不要想小的，要像大丈夫一样，只想大事，只想天地浩然正气，不要在乎小事。

"简，义之方也。匿，仁之方也。刚，义之方也。柔，仁之方也。"简是实现义的方法，匿是实现仁的方法；刚是实现义的方法，柔是实现仁的方法。

"《诗》曰：'不竟不絿，不刚不柔。'此之谓也。"意思就是刚柔并济。刚是实现义的方法，柔是实现仁的方法，果断有力和不拘小节，要同时表现出来。抓大放小是同时的，明大道之大义和慈悲宽怀是一体的。义和仁，刚和柔，和谐统一在一起。大问题半点不含糊，看得很清楚，同时又能柔软慈悲，大的地方特别刚，小的地方特别柔，叫刚柔并济。人的魂魄，一个管柔，一个管刚，抓大放小，大小一体，刚柔并济。例如这个人，有一种大道精神，天地浩然正气，但是他有大没有小，并不能做具体事，什么也不会。所以说，既要有大的理想，又要有动手能力，每个小细节都是为大事服务的，小事做得很完美，大事自然会成。刚柔并济是元神的特点，这是一个很高的水平。

第二十一章　五行合一元神成

君子杂泰成。能进之，为君子。弗能进，客止于亓里。大而罕者，能有取焉。小而轸者，能有取焉。索繿繸达于君子道，谓之贤。君子知而举之，谓之尊贤。君子从而事之，谓之尊贤。前，王公之尊贤者也。后，士之尊贤者也。

译文：元神能把仁、义、礼、知、圣合一就能大成。能以德入道，就能成就元神。不能进道，难以大成，只能局限在自身。对大而少的能行义，对少而多的能行仁，能认真专注地修德进道而通元神，称为贤人。君子知道贤人并真心举荐他，称之为尊贤。知道贤人而能真心师事他的，称之为尊贤。前者是王公尊贤的方式，后者是普通人尊贤的方式。

释义："君子杂泰成。能进之，为君子。弗能进，客止于亓里。"君子就是元神，元神是怎么成的？是综合而成的，五行五德综合起来才能成为君子元神。能够入道，能够有五行合一验证，才叫元神君子。不能进，五行不达标准，五行合一得不好，光就会困在体内出不来。如果五行合一都达标了，元神的光就修成了，光就来到体外，为众生作贡献了。五行合一不达标，光就无法成为大我、利益众生，只囚禁在自身，发挥不了大的作用。

"大而罕者，能有取焉。小而轸者，能有取焉。"做到了大道至简，小的包容。广大的包容心有了没有？抓大放小是不是都做好了？"索繿繸达于君子道，

谓之贤。""索纑纑"比喻踏踏实实地苦干，"达于君子道"是一个脚踏实地的过程，做到了就有验证，就是贤人。

"君子知而举之，谓之尊贤。君子从而事之，谓之尊贤。前，王公之尊贤者也。后，士之尊贤者也。"当王的能够推举这样的人，称为尊贤；如果能够跟从并师事于这样的人，也可称为尊贤。前者是王公尊贤的方式，后者是普通人尊贤的方式。

第二十二章　六根归一心

耳目鼻口手足六者，心之役也。心曰唯，莫敢不唯。心曰诺，莫敢不诺。心曰进，莫敢不进。心曰浅，莫敢不浅。和则同，同则善。

译文：耳、目、鼻、口、手、足这六个都是被心驱使的。心说这样，它们不敢不这样，心允诺了它们就得听话。心说进，它们不敢不进。心说浅，它们不敢不浅。六者与心相和谐，它们就是心，六者都成为心，那就好了。

局部成为整体，就是善德的实行。君子以心导耳目，小人以耳目导心。

释义："耳目鼻口手足六者，心之役也。心曰唯，莫敢不唯。心曰诺，莫敢不诺。心曰进，莫敢不进。心曰浅，莫敢不浅。和则同，同则善。"人的六根，都是听心指挥的。君子以心导耳目，六根耳、目、鼻、口、手、足，都是服从心的需求在做事，这就是元神，就是君子。如果反过来，心被六根奴役就是小人。你的生活，你的举止，要反思，是否跟着心在动，还是心被六根扯来扯去。如果是跟着心走的话，你的手就是你的心，你的脚就是你的心，你的眼睛就是你的心，你的鼻子就是你的心，你的耳朵就是你的心，这样才对。让六根变成你的心，而不是被六根奴役你的心，六根归一心。

无为大道，就是修心。小道是眼耳之功，所谓的特异功能，都是小道。心通道就通，心里明白了，知道了；小道心不通，心是全体通，小道是局部通。随时可以看的是附体，绝不是大道的本性通，大道的本性通就是心通。修心是唯一正道，六根要跟着心走。一心一意，六根都是我的心。

第二十三章　目

目而知之谓之进之。

译文：看到了就懂了，叫进道。

释义：眼藏神，看懂了是真知，真知是觉察能量一体的，得一了就是进道了。

第二十四章　非目

辟而知之谓之进之。

译文：没看到也能了解，叫进道。

释义：没看到也能懂，感觉没有距离，一定是得一了，也叫进道了。

第二十五章　比喻

谕而知之谓之进之。

译文：通过比喻就懂了，也是有真知了，也叫进道。

释义：能够透过比喻抓住本质，也是进道了。

第二十六章　征兆

几而知之，天也。《诗》曰："上帝临汝，毋贰尔心。"此之谓也。

译文：有一点苗头就明白了，叫懂天意。《诗经》说："上帝降临，不要有二心。"说的就是这个。

释义：事物是一个整体，一件大事要发生时，一定会有一些小的征兆，通过细节能看到整体，叫知天意。《诗经》的意思是一心一意，就能懂天意。

第二十七章　天选

天生诸亓人，天也。其人施诸人，人也。其人施诸人，不得亓人不为法。

译文：天赋予这个人天德能量，他就是天的代言人。他把天德能量给予别人，这是人道。只有天选之人才能把能量给予别人，不是天选之人，则传达不了天的能量。

释义："天生诸亓人，天也。"传道有传道的规则，道不是随便传的，传道之人是天选的。这个人不合格，天才会另选他人作为道器。天生是天仙转世，天仙就是自然之光，是无为法成就的，天生就带着这个光，必定会走无为法这条路。

"其人施诸人，人也。"如果他把这种自然能量传递给别人，那就是他在人道上该做的事。天生带来的自然之光的种子，可以给别人。没有自然之光的真种子的人，再怎么练也练不出来。一般人难以分辨，光是自然发出来的还是人为念咒弄出来的，没有法眼的人是无法辨别的。

"其人施诸人，不得亓人不为法。"先天带来自然之光，这样的人才能够把光给予别人。天生没有，靠打坐和念咒练出来的光，都是阴气，不是纯阳的自然之光。所谓的加持，把光注入身体，那都是假的，不懂的人就会上当。

第二十八章　好德之人

闻道而说者，好仁者也。闻道而戚者，好义者也。闻道而恭者，好礼者也。闻道而乐者，好德者也。

译文：闻道就高兴的人，是好仁德的人。闻道就感觉很亲切的人，是好义德能量的人。闻道就生出恭敬心的人，就是好礼德能量的人。闻道就有大乐的人，是好道德能量的人。

释义：闻道感到欢喜之人是好仁者，闻道感到亲切之人是好义者，闻道内心就生起恭敬之人是好礼者，闻道就大乐之人是好德者。仁义是魂魄，礼是元神，德是自然之光。

小 结

以德一统领五行。

圣人之道，或以仁为仁，或以义为仁，或以礼以智以信为仁。仁义礼智信，各兼五者，圣人一之不胶，天下名之不得。

圣人以道为体，慈悲利益众生，虽然是仁义礼智信五行，但对圣人来说就是一颗仁爱慈悲之心。普通人是五行各一其行，而圣人是五行一体。圣人洞彻真空，离种种边，超种种相，无名可呼；圣人是无用之用，不留名，不留痕。